Konzepte der Humanwissenschaften

Albert E. Scheflen
unter Mitarbeit von Alice Scheflen

Körpersprache und soziale Ordnung

Kommunikation als Verhaltenskontrolle

Ernst Klett Verlag
Stuttgart

Aus dem Amerikanischen übersetzt von
Wolfgang Krege
Titel der amerikanischen Ausgabe
»Body language and social order«

Printed in Germany 1976
Einbandgestaltung und Typographie: Heinz Edelmann
Gesamtherstellung: Kösel, Kempten

CIP-Kurztitelaufnahme der Deutschen Bibliothek

Scheflen, Albert E.
Körpersprache und soziale Ordnung:
Kommunikation als Verhaltenskontrolle /
unter Mitarb. von Alice Scheflen. – 1. Aufl. – Stuttgart: Klett, 1976.
(Konzepte der Humanwissenschaften)
Einheitssacht.: Body language and social
order ⟨dt.⟩.
ISBN 3-12-907670-0

Dr. O. Spurgeon English
dem Therapeuten, Lehrer, Chef und Freund
der nie zufrieden wäre
mit einer Lehrmeinung über Menschen

Inhalt

Vorwort

Seit der Zeit der griechischen Philosophen hat der Mensch des Abendlandes die Ratio idealisiert und für rational nicht erklärbare Geschehnisse die Launen der Götter, Besessenheit von Dämonen, die Erbsünde und zuguterletzt die Triebe verantwortlich gemacht. Noch heute besteht die dichotomisierende Auffassung fort, die Sprache drücke Gedanken, der Körper hingegen Gefühle aus. Kein Geringerer als Darwin (1872) hat diese Auffassung vertreten.

Ungefähr seit dreißig Jahren ist eine andere Sicht menschlichen Verhaltens aufgekommen. Efron (1941), Birdwhistell (1952) und seither noch viele andere haben Körperbewegung als einen tradierten Kode beschrieben, der menschliche Beziehungen aufrechterhält und reguliert, ohne an die Sprache und die bewußten psychischen Vorgänge gebunden zu sein. Und die Ethologen haben eine Vielzahl von Verhaltensweisen beschrieben, die bei allen Primaten auftreten und die Sozialbindungen und Machtstrukturen unter ihnen aufrechterhalten. In dieser neueren Tradition geraten Sprache und Denken in ein ungewohntes Licht; sie erscheinen als Quelle von Kommentaren, Urteilen, Verhüllungen oder Rationalisierungen zu bereits ablaufenden Handlungen.

Gegenwärtig gibt es in den Verhaltenswissenschaften zwei Schulen oder Denkrichtungen mit unterschiedlichen Annahmen über Körperverhalten. Der psychologischen Schule gilt »non-verbale« Kommunikation wie schon immer im westlichen Denken als Ausdruck von Gefühlen. Vom Standpunkt der Kommunikationsforschung aus (der vor allem von Anthropologen und Ethologen vertreten wird) werden dagegen Körperhaltungen, Berührungs- und Bewegungsverhalten in Beziehung zu sozialen Prozessen wie Gruppenkohäsion und Gruppenregulierung untersucht.

Wir werden in diesem Buch sehen, daß beide Auffassungen nicht unvereinbar sind.* Menschliches Kommunikationsverhalten ist zugleich expressiv *und* sozial oder kommunikativ.

---

* Konzentriert sich der Betrachter auf ein Mitglied einer Gruppe und untersucht ausschließlich die Gedanken oder Zwecke dieses einen, so erscheint ihm dessen Verhalten als Ausdruck. Untersucht er jedoch dieses Verhalten daraufhin, was es in der Gesamtgruppe »bewirkt«, so wendet er sich dem Kommunikationsaspekt zu.

Ich habe während meiner Laufbahn beiden Richtungen angehört. In den 50er Jahren war ich praktizierender Psychotherapeut und Psychoanalytiker und betrieb kommunikationspsychologische Forschung. Seit 1957 habe ich Untersuchungen über Bewegungs- und Sprachverhalten in bezug auf Kultur und soziale Organisation durchgeführt. Ein Zweck dieses Buches ist, diese Ansätze zu verbinden und eine umfassendere Sicht menschlicher Kommunikation zu erarbeiten.

In den letzten Jahren hat sich das Interesse für Körperkommunikation weit über den engeren Kreis der Humanwissenschaften hinaus verbreitet. Leider ist dieses Interesse einseitig psychologisch gefärbt; dem Körperverhalten werden bloß psychodynamische Bedeutungen verliehen. So will man uns glauben machen, die Beine übereinanderzuschlagen »bedeute«, daß man Kastration fürchte, ein bestimmter Gesichtsausdruck oder eine Berührung »bedeute«, daß jemand seine Mutter liebe, und dergleichen mehr. Solche Einfalt ignoriert zwanzig Jahre Forschung, die systemtheoretische Revolution im modernen Denken, den gesellschaftlichen, ökonomischen und politischen Kontext menschlichen Verhaltens und die kulturspezifischen Differenzen in der Gesellschaft.

Mittelschichten-Amerikaner scheinen sehr zu solchen Übervereinfachungen zu neigen. Wir verkennen allzu oft die bestimmende Rolle kultureller, sozialer, ökonomischer und politischer Prozesse in den Angelegenheiten der Menschen und geben uns mit Behauptungen über Triebe, Motivationen, Wünsche oder Gefühle zufrieden. Eine solche eindimensionale Naivität macht uns auch anfällig für politische und ökonomische Winkelzüge und unempfindlich für überlebensgefährdende ökologische Vorgänge.

In diesem Buch werden wir gewiß auch auf die Zusammenhänge zwischen kommunikativen Körperbewegungen (kinesics) und individuell-persönlichem Erleben eingehen, insgesamt aber arbeiten wir vor einem weiteren Hintergrund. Wir werden Gesichtsausdruck, Haltungen, Bewegung und Berührung in bezug zur Sprache, im Kontext der Gruppenprozesse und der Gesellschaftsordnung insgesamt untersuchen.

Der psychologisch interessierte Leser sei auf die Enttäuschung vorbereitet, die ihn erwartet, sofern er sich ein Glossar der psychodynamischen Bedeutungen von Gesten und Bewegungen erhofft oder einen Ratgeber, wie man Leute verführen, Dinge verkaufen oder sich beliebt machen kann.

Danksagungen

Das in diesem Buch angewandte Verfahren leitet sich her aus der strukturalen Linguistik (Sapir, 1921; Pike, 1954), der Systemtheorie (Bertalanffy, 1950), Theorien über Verhaltensstruktur und menschliche Kommunikation (Birdwhistell, 1952; Bateson 1955, 1970) sowie Forschungen der Palo Alto-Gruppe (Bateson u. a., 1956).

Meine direkte Beteiligung an diesen Studien begann um 1958 in Philadelphia, wo ich mit Dr. Ray Birdwhistell zusammenarbeitete. Diese Arbeit wurde gefördert vom Eastern Pennsylvania Psychiatric Institute und von der Temple University School of Medicine. Besonders halfen uns Dr. O. Spurgeon English von der Temple University sowie Dr. William Phillips und Dr. Richard Schultze vom Eastern Pennsylvania Psychiatric Institute. 1966/67 wurde diese Arbeit vom Center for Advanced Studies in the Behavioral Sciences unterstützt, dem ich als Mitglied angehörte. Seit 1967 haben das Bronx State Hospital, das Albert Einstein College of Medicine und der Jewish Family Service of New York die Fortsetzung der Arbeit ermöglicht. Besonders hilfreich war Dr. Israel Zwerling, Leiter der Abteilung Psychiatrie am Albert Einstein College und Direktor des Bronx State Hospital, der mir Arbeitsmöglichkeiten bot.

Eine Reihe von Kollegen hat geholfen, diesen Ideen ihre Form zu geben. Wichtige Kollegen von Anfang an waren Birdwhistell und Bateson. In Palo Alto waren besonders Dr. Glen McBride und Dr. I. Charles Kaufman hilfreich. In New York haben Drs. Victor Gioscia, Andrew Ferber, Edgar Auerswald, Harley Shands, Adam Kendon, Joseph Schaeffer, Norman Ashcraft und Clarence Robins fortlaufend Ideen beigesteuert.

Die Arbeit wurde weiter gefördert durch einen Forschungsstab, der unsere Sekretärinnen Barbara Catena und Bonnie LeCount, unseren Techniker Ralph Williams und die graduierten Studenten Robert McMillan, Ronald Goodrich und Caroline Hancock umfaßt. Fotos wurden beigesteuert von Roy Loe, Edward Paul, Jacques VanVlack und anderen. Besonders danken möchte ich Adam Kendon, der geholfen hat, dieses Buch zu konzipieren.

Einleitung

Kommunikation unter den Primaten

Territorialität

Jede Säugetiergattung hat eine ökologische Nische, in der für sie günstige Lebensbedingungen bestehen. Innerhalb dieser Nische sammeln sich Herden, Rudel, Horden oder Verwandtschaftsgruppen und leben zusammen. Jede Gruppe markiert für sich ein Territorium, das sie gegen Eindringlinge verteidigt. Die Grenze dieses Territoriums hält für gewöhnlich die Mitglieder der Gruppe drinnen und Fremde draußen. Je nach Art bleibt die Gruppe entweder permanent oder während der Paarungszeit in engem Kommunikationskontakt, innerhalb Sicht-, Hör- oder Riechweite (Wynne-Edwards, 1962; Lorenz, 1963; McBride, 1964; Goodall, 1967).

In vielen Arten grenzen erwachsene Paare innerhalb der ökologischen Nische ein Subterritorium für sich ab; hier pflanzen sie sich fort und ziehen Junge groß. Die Männchen konkurrieren miteinander um die besonders hochgeschätzten Räume, und wer die besten für sich gewinnt, bekommt die Weibchen. Wer kein Territorium gewinnt, pflanzt sich nicht fort und wird unter Umständen zur Beute von Raubtieren. Das Territorium ist also notwendig für das Überleben des einzelnen, der Familie und der Art.

Dem Menschen war schon immer der Glaube teuer, daß er nicht wie die anderen Lebewesen sei; Tatsache ist jedoch, daß er ihnen in mehrfacher Hinsicht ähnlich ist, nicht nur in seinem Verhalten, sondern auch in seinem Territorialsystem. Auf vielen Ebenen sozialer Organisation, in Wohnungen, Nachbarschaften, bis hin zu Völkern, stecken die Menschen Territorien ab. Innerhalb dieser Grenzen haben kleine Gruppen weiter abgegrenzte Lebensräume für Arbeit und Spiel. Noch kleinere Parzellen werden von den einzelnen als Privatsphäre beansprucht. Umgrenzt sind diese Territorien von Mauern, Zäunen, Verbotsschildern und anderen sichtbaren Zeichen, verteidigt werden sie von Gesetzen, Wächtern, giftigen Blicken und ähnlichem. Wie bei anderen Lebewesen halten diese Grenzen vielfach nicht nur die Fremden draußen, sondern auch die Mitglieder drinnen und wahren so die soziale Kohäsion.

Territorialität ist ein Grundbegriff für das Verständnis sozialer Ordnung. Die Primaten und viele andere Säugetiere verbringen ihr Leben zusammen in den Grenzen ihrer Territorien. Die Gibbons leben in sehr kleinen Gruppen, ähnlich der Kernfamilie der modernen westlichen Gesellschaften (ein Elternpaar und seine Nachkommen). Andere nichtmenschliche Primaten wieder leben in größeren Verwandtschaftsgruppen von zwölf bis fünfzig oder mehr Tieren. Auch der Mensch lebte bis vor etwa drei Jahrhunderten in »erweiterten« Großfamilien; erst dann begannen die kleineren Kernfamilien sich abzusetzen und in den sich industrialisierenden städtischen Zentren Europas in getrennten Häusern zu leben. Im heutigen Amerika ist diese Kernfamilie die herkömmliche soziale Einheit, wenn auch viele Menschen immer noch die erweiterte Familie vorziehen und sich, wo es die Wohnverhältnisse erlauben, in Haushalten mit mehr als zwei Erwachsenen gruppieren.

Affiliationsverhalten

Von Zeit zu Zeit kommen die Mitglieder von Primatengruppen zu sehr engen Körperberührungen zusammen; sie pflegen und putzen sich gegenseitig und pflegen damit auch die Sozialbindung zwischen sich (McBride, 1967).
Auch ausgewachsene Säugetiere warten einander in dieser Weise auf. Sie paaren sich, kämmen sich das Fell und treten manchmal spielerisch in Körperkontakt.

Hier ist eine Makakenfamilie zusammengekommen, um das Kind zu pflegen.

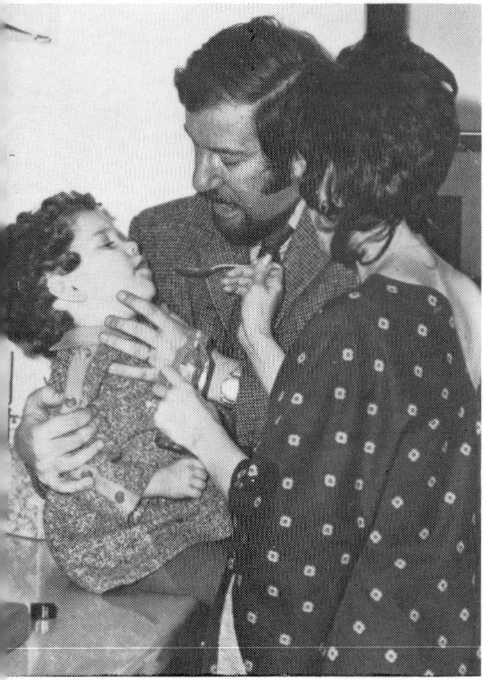

Und hier ein ähnliches Ereignis in einer menschlichen Familie.

(Mit freundlicher Genehmigung von Dr. I. Charles Kaufman)

Soziale Kohäsion (und das Bindungs- oder Affiliationsverhalten, das sie aufrechterhält) ist für die Primaten so wichtig, daß isolierte Individuen schwere Störungen erleiden können.

Das Makakenjunge hier zeigt das klassische Bild der anaklitischen Depression. Dazu kommt es, wenn Affenjunge ihre Mütter verlieren (Kaufman und Rosenblum, 1966). Menschliche Kleinkinder zeigen ähnliches Verhalten. Wenn der menschliche Säugling von einer Ersatzmutter ernährt wird, überlebt er vielleicht, lernt aber nicht, aufrecht zu sitzen, zu gehen oder zu sprechen (Spitz, 1963).

Der erwachsene Mensch kann eine ähnlich depressive Haltung zeigen, wenn er einen nahen Verwandten verliert oder gezwungen ist, allein zu leben. Unter diesen Umständen kann es sein, daß er nicht mehr ißt, Kontakte abreißen läßt oder Selbstmord begeht.

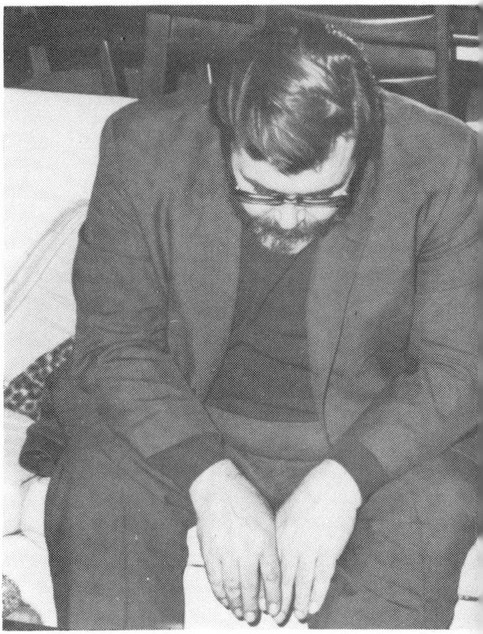

Manche Primaten (z. B. Schimpansen) wandern zwar allein in ihrem Territorium umher, aber in solchen Fällen wird die Bindung durch Abschiedsrituale beim Verlassen der Primärgruppe und Grußrituale bei der Rückkehr bekräftigt.

Schimpansen stoßen Laute aus, wenn sie sich begegnen, und begrüßen sich mit Umarmungen, Händeschütteln und Küssen.

(Mit freundlicher Genehmigung von Baronin Jane Van Lawick-Goodall)

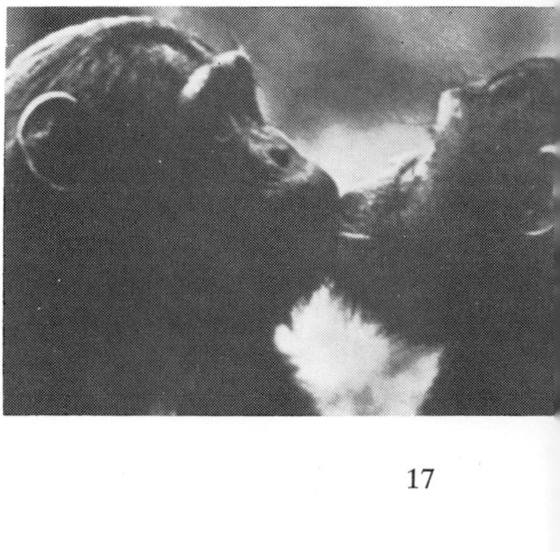

Der Mensch im Westen bedient sich im allgemeinen eines Grußes, in Form eines Winkens, eines kurzen Hebens der Augenbrauen und eines Lächelns, wenn er einen Bekannten sieht. In näherer Entfernung kommt es dann zu einem Berührungsaustausch durch Händedruck, Umarmen oder Küssen.

Reziproken

Lebewesen kämpfen manchmal gegen Artgenossen; allerdings kommt es dabei zwischen nichtmenschlichen Lebewesen selten zur Tötung des Gegners, sofern nicht die Territorialordnung schwer gestört ist. Aggressives Verhalten bei Tieren besteht zumeist nur in Drohungen, durch die sie a) die Territorialgrenze und b) ihre Position in der Macht- und Dominanzhierarchie sichern.

Auf dem Foto zeigt ein großer männlicher Makake Dominanzverhalten gegenüber dem kleineren Weibchen, das sich seiner Familie genähert hat. Diese Dominanzgebärde besteht darin, daß er dem Weibchen die vordere Körperfront zukehrt, sich auf es zubewegt oder in seine Richtung vorwärtslehnt, Kopf oder Kiefer vorschiebt und ihm in die Augen blickt. Ähnlich demonstrieren auch Menschen Dominanz.

Bringt dieses Gebaren den gegnerischen Makaken nicht zum Nachgeben, so kann eine deutlichere Drohung folgen, z. b. durch Zähneblecken oder Beißbewegungen in die Luft. Bei Menschen könnten etwa eine geballte Faust oder eine verbale Drohung folgen.

Der Makake braucht gewöhnlich nicht so weit zu gehen, wirklich um die Erhaltung seiner sozialen Ordnung zu kämpfen, die Drohgebärde genügt schon, um ein Gebiet zu verteidigen oder einen Aufsässigen in die Schranken zu weisen. Das gilt ebenfalls für das die Affiliation oder Sozialbindung verstärkende Verhalten. Angedeutetes Spielen, die ersten Schritte der Liebeswerbung oder ein gefühlvoller Blick können für die vollständige Handlungssequenz stehen. Der körperliche Handlungsablauf des Geschlechtsakts oder der Körperpflege muß nicht notwendig vollzogen werden.

Dies gilt auch für menschliches Verhalten. Jemand kann sich damit begnügen, die Brust herauszustrecken oder den Kiefer vorzuschieben, um anzudeuten, was passieren könnte, wenn nicht alles so geht, wie er wünscht, oder er kann die Einleitungsschritte der Werbung vollführen, um eine herzliche Antwort nahezulegen oder eine positive Beziehung anzudeuten.

Kurz, Lebewesen (einschließlich des Menschen) können Darbietungen aggressiven oder affiliativen Verhaltens abtauschen, die sich nicht notwendig bis zum körperlichen Vollzug steigern. Elemente einer Handlung können die vollständige Handlung repräsentieren, ob diese selbst nun vollzogen wird oder nicht. Jede sich steigernde nichtsprachliche Gesichtsfeld-Interaktion nennen wir ein »Reziprok«.

Kommunikationsverhalten

Der Reziprokenabtausch illustriert ausgezeichnet, in welchem Sinne der Terminus »Kommunikation« in der Ethologie und Anthropologie und auch in diesem Buch gebraucht wird. Kann eine Tätigkeit wie Kampf oder Paarung allein durch die Einleitungsschritte der Sequenz so dargestellt werden, daß die anderen Beteiligten so handeln, als verstünden sie, was vorgeht (indem sie regelhaft und voraussagbar reagieren), so sagen wir, daß Kommunikation stattgefunden habe.

Der Terminus Kommunikation hat für uns aber eine noch weitere Bedeutung. Wir subsumieren darunter jedes Verhalten, das gemeinschaftliche oder gesellschaftliche Ordnung herstellt, reguliert, aufrechterhält und ermöglicht (Birdwhistell, 1963). Es schließt die Rufe mit ein, mit denen Tiere einander außerhalb ihres Gesichtsfeldes lokalisieren, und ebenso die Territorialverhaltensweisen, durch die sie Grenzen abstecken. Diese wehren nämlich nicht nur Eindringlinge ab und wahren den Zusammenhalt der gesamten Kolonie oder Gruppe, sondern erhalten zugleich die innere *Organisation* der Gruppe aufrecht. Je nach Art können sie dazu dienen, die Unversehrtheit des Territoriums, die Mutter-Kind-Beziehung, die Beziehungen in einer Kernfamilie oder in einer Junggesellen-Kolonie im Rahmen der Gesamtgruppe zu schützen. Die Reziproken von Dominanz und Submission halten die Dominanzhierarchie zwischen Erwachsenen aufrecht und werden dazu benutzt, die Nachkommen zu disziplinieren.

Menschliche Kommunikation

Bis vor zehn Jahren fand diese Art menschlichen Kommunikationsverhaltens bei uns wenig Beachtung. Wir waren so beherrscht von unserem Hauptinteresse, der Sprache, daß wir Körperbewegungs-Kommunikation oder »Kinesik« vor den 50er Jahren kaum bemerkten; menschliches Territorial- und Dominanzverhalten haben wir bis in die späten 60er Jahre hinein nahezu verleugnet. Heute indes ist weithin deutlich, daß der Mensch dasselbe Ortungs-, Territorial-, Hierarchie- und Affiliationsverhalten zeigt, das auch das Kommunikationsverhalten der höheren Affenarten kennzeichnet, wenn auch beim Menschen diese Verhaltensweisen weniger an den unmittelbaren Kontext gebunden auftreten.
Ebenso ist klar, daß der Mensch bestimmte Formen des Kommunikationsverhaltens kennt, die die anderen Primaten nicht oder nur in geringerem Umfang kennen.
Bis zu einem gewissen Grade können auch die gezähmten Säugetiere und die Primaten kinesisches Verhalten oder Laute »zweckhaft« einsetzen, d. h. nicht nur in von Umweltreizen abhängigen Reflexhandlungen, sondern auch getrennt von solchen Reizen.
Der Mensch verfügt jedoch offenbar über eine höhere Anzahl und Vielfalt solcher Anwendungsmöglichkeiten. Er kann zum Beispiel Werbungs-Reziproken dazu benutzen, bei einer Versammlung Aufmerksamkeit auf sich zu ziehen und Verbündete für seinen Standpunkt zu gewinnen. Und er kann Gesichtsbewegungen oder »Ausdruck« auf vielerlei Weise und zu vielerlei Zwecken einsetzen.*
Im Verlauf der Kulturentwicklung wurden die Gesichtsreaktionen bei Freude, Wut, Schrecken usw. zu einer breiteren Vielfalt von Gesichtskonfigurationen ausdifferenziert. Eine Anzahl solcher Konfigurationen erscheint in jeder Tradition, mit Unterschieden zwischen den Kulturen und sogar zwischen Regionen.**

---

* Literaturübersichten zum Gesichtsverhalten von Menschen und Tieren liegen vor von Plutchik (1970) und Vine (1970).

** Wie schon im Vorwort gesagt, wurden im kinesischen Mienenspiel früher einfach angeborene Formen des Gefühlsausdrucks gesehen (Darwin, 1872). Manche klassischen Biologen und Psychologen halten an dieser Theorie immer noch fest. Wenn sie in Filmen bei Menschen aus aller Welt die Durchgängigkeit bestimmter kinesischer Grundmerkmale aufzeigen können, so erklären sie diese Merkmale für genetisch bedingt.
Die genetischen Merkmale sind jedoch von kulturellen Merkmalen überlagert und modifiziert worden. Genetische und kulturelle Übermittlung wirken daher als komplementäre Bestimmungsfaktoren.

Hier ist ein Beispiel für eine Gesichtsdarbietung, die wir — zumindest in Amerika — als Angst verstehen. Diese Konfiguration von Gesicht und Hand hat in der Tat eine gewisse Ähnlichkeit mit Schreckensgebärden, und man könnte vermuten, daß sie sich evolutionär vom primitiven Schrecken herleitet, dennoch ist diese Konfiguration von der bei Schrecken gut zu unterscheiden.

Etwas ist in der Kulturentwicklung zum Repertoire des Gesichts hinzugekommen. Der junge Mensch lernt, sein Gesicht so zu gebrauchen wie die älteren. Er lernt zum Beispiel, sein Gesicht bei einer Party in der Konfiguration der Heiterkeit, bei einer religiösen Zeremonie oder einem Begräbnis in der Konfiguration der Feierlichkeit zu halten. Wenn er Gesichtssignale nur in unmittelbaren und heftigen Gefühlszuständen abgäbe, so bliebe sein Gesicht die meiste Zeit über unbewegt und nichtssagend.
Dieser Gebrauch wird noch vielfältiger durch den taktischen Einsatz von Gesichtsdarbietungen. Jemand kann eine bestimmte Konfiguration herstellen, um uns zu zeigen, wie ein Freund bei einer bestimmten Gelegenheit ausgesehen hat, oder um uns zu instruieren, wie *wir* etwas empfinden sollen, oder um anzudeuten, was uns geschehen wird, wenn wir seinen Ratschlag nicht annehmen.

Symbole

Der Mensch kann auch Laut- und Bewegungsmuster zur Darstellung von Dingen oder Ideen benutzen. Beispiele sind die Laut- und die Zeichensprache*, desgleichen Kodes, die Schrift, Rangabzeichen oder Uniformen. Diese Darstellungsweisen müssen dem, was sie darstellen, nicht ähnlich sehen und unterscheiden sich insofern vom Reziprokenaustausch der Säugetiere.

---

* Manche Wissenschaftler nehmen an, daß sich die menschliche Sprache aus den Stimmlauten der Primaten heraus entwickelt hat (Hockett und Ascher, 1964; McBride, 1968). Sie weisen darauf hin, daß bestimmte Merkmale außersprachlicher Kommunikation im Verlauf dieser Entwicklung ins Sprechen übertragen worden seien. Ein Beispiel ist der Gebrauch von Gesten zur Interpunktion des Sprechens (vgl. Teil II).

Sprachbegleitende Körperbewegungen

In der Entwicklung der Sprache haben bestimmte Körperbewegungen eine sprachbegleitende Funktion angenommen. Das eindeutigste Beispiel ist die Geste. Komplizierter sind die Körper- und Raumhaltungen, die den verbalen Austausch einrahmen und interpunktieren.

Es gibt noch einen anderen wichtigen Gebrauch von Körperbewegungen im Gespräch. Gesicht und Hände können dazu dienen, die anderen über das, was gerade vorgeht, zu instruieren. Jemand kann so zum Beispiel Hinweise erhalten, wo er sich hinsetzen soll, ob er zu langsam oder zu laut spricht usw. (vgl. Kapitel 4). Und bestimmte Bewegungen können vor den Folgen einer Abweichung warnen (vgl. Kapitel 8 und 9).

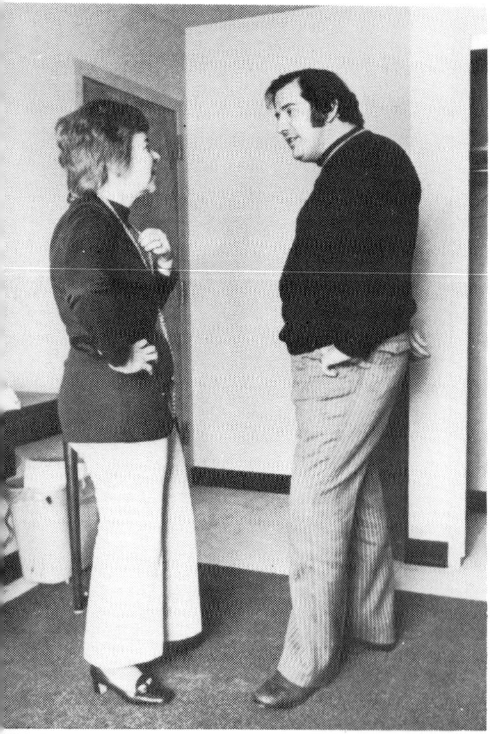

Hier grenzen zwei Partner ein kleines Territorium ab, in dem sich ihr Gespräch abspielen soll. Dazu richten sie die Körper aufeinander aus, sehen sich an und nehmen einen bestimmten Abstand zueinander ein. Vielleicht verteidigen sie diese Kommunikationszone gegen das Eindringen anderer. Indem sie sprechen und zuhören, »interpunktieren« sie jede Äußerung durch Bewegungen des Kopfes, der Hände oder der Augenlider (vgl. Kapitel 3).

Sprache

Wenn wir die Anwendungen der Sprache (und des sie begleitenden Körperverhaltens) untersuchen, so stellen wir fest, daß Sprechen im menschlichen Tun vielerlei Zwecken dienen kann. Von allen möglichen Anwendungen der

Sprache hat eine einzige ein unverhältnismäßig hohes Maß an Aufmerksamkeit erfahren, nämlich ihr Gebrauch als Symbolsystem zur Übermittlung von Informationen und Schilderung von Neuheiten. Dieser Gebrauch der Sprache kennzeichnet manchmal Erziehung und Wissenschaft, im Alltag aber hat Sprache eine ganz andere Funktion: *Sie dient dazu, die bestehende Ordnung aufrechtzuerhalten und ihr Zustimmung zu verschaffen.*
Denken wir an die ritualisierten Wiederholungen vertrauter Äußerungen: »Wie geht es Ihnen?«, »Grüßen Sie Ihre Frau Gemahlin recht herzlich«, »Ich liebe Dich«, »Ach du armer Schatz«. Denken wir auch an die üblichen Gespräche zwischen Mann und Frau, Mutter und Kindern, Wirt und Kellner. In diesem Gebrauch hat Sprache offenkundig dieselbe Funktion wie der nichtsprachliche Reziprokenaustausch, nämlich die soziale Ordnung aufrechtzuerhalten. Man kann schwerlich behaupten, daß sie hier zur Übermittlung neuer Informationen dient.

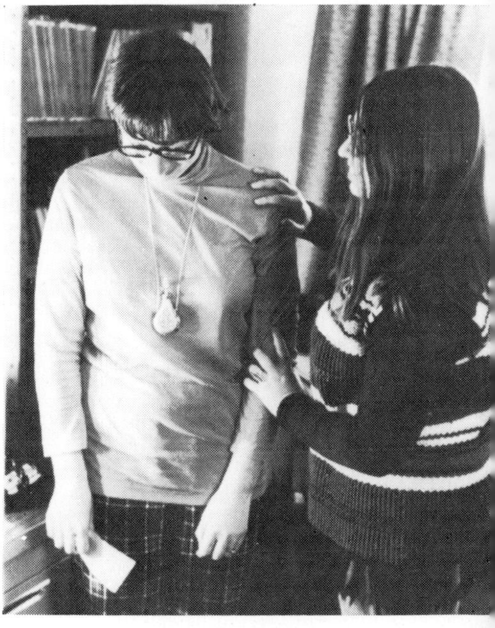

Sprachlicher Austausch als Pflege der Sozialbindungen geschieht oft in Zweiersituationen und wird begleitet von Berührungen.

Soziale Kontrolle

Kurz, in kleinen Gesichtsfeld-Gruppen (face-to-face groups) gibt es eine Form menschlicher Kommunikation, in der konventionelle Äußerungen, Gesichtsdarbietungen, Handbewegungen und Berührungen dazu gebraucht werden, das Paar oder die Gruppe verbunden zu halten. Wir wollen annehmen, daß diese Art Kommunikation eine differenzierte und spezifisch mensch-

liche Tätigkeit ist; ihre Wurzeln jedoch reichen weit in die evolutionsgeschichtliche Vergangenheit zurück.
Infolge der Entwicklung immer komplexerer Kommunikationssysteme wird die Sprache zu immer vielfältigeren Zwecken gebraucht, darunter solcher regulativen Charakters, wie bei weltanschaulichem oder politischem Überreden. Die territorialen, reziproken und kinesischen Mechanismen sozialer Kontrolle sind jedoch mit der Entwicklung der Sprache nicht verschwunden. Wie wir in Teil III sehen werden, wirken diese zwei Hauptsysteme der Kommunikation einander ergänzend auf die Erhaltung sozialer Kontrolle hin.

Plan dieses Buches

Der Aufbau dieses Buches ist geleitet von dem Gedanken einer sukzessiven Evolution des Kommunikationsverhaltens.
Teil I beschreibt reziprokes Verhalten, die territoriale Einrahmung von Gesichtsfeld-Kommunikation und die Grundlagen sprachbegleitenden Bewegungsverhaltens.
Teil II beschreibt die regulative Funktion von Körperbewegungen in komplizierteren menschlichen Reaktionen. Er behandelt Verhalten, das zur *Aufrechterhaltung,* und Verhalten, das zur *Änderung* einer Situation dient.
Teil III beschreibt den Gebrauch territorialen, reziproken und kinesischen Verhaltens in Verbindung mit Sprache zum Zweck politischer Gedanken- und Verhaltenskontrolle in der sozialen Institution.
In Teil IV erörtern wir den Beitrag von Kommunikation zur Erzeugung abweichenden Sozialverhaltens.
Ich möchte die sehr provisorische Hypothese aufstellen, daß jedes dieser zunehmend komplizierteren Regulationssysteme einer bestimmten Entwicklungsstufe der Menschheit angehört. Die kinesischen Reziproken würde ich in der Hauptsache der Entwicklungsstufe der Primaten zuweisen. Die Kombination dieses Verhaltens mit einfachen sprachlichen Äußerungen könnte in die Periode der letzten Zwischeneiszeit vor dem Aufkommen des Ackerbaus gehören. Moderne Kleingruppen-Interaktion, könnten wir vermuten, begann mit den Stammesgesellschaften der Ackerbauperiode, etwas früher als 10000 v. Chr. Die Periode institutioneller Regulierung trat vermutlich ein nach der Bevölkerungsexplosion im Anschluß an die Ackerbauperiode. Diese Periode ist noch unabgeschlossen; sie ist in den letzten fünf Jahrhunderten mit der industriellen Revolution stark in Bewegung geraten.

I

Grundlagen der Kinesik

Drei Arten nichtsprachlichen Kommunikationsverhaltens werden in Teil I beschrieben. Die beiden ersten haben sich wahrscheinlich lange vor der menschlichen Sprache entwickelt.

1. Reziproken (Kapitel 1) sind Austausch bestimmter Körperbewegungen in Gesichtsfeldgruppen.
2. Territorialverhalten (Kapitel 2) bindet eine Gesichtsfeld-Interaktion zusammen oder rahmt sie ein, es verbietet oder erlaubt Menschen das Überschreiten einer Grenze.
3. Eine weitere Klasse von Bewegungen hat sich mit der Sprache entwickelt und ist jetzt Teil des Sprechens und Zuhörens (Kapitel 3).

1

Kinesische Reziproken

Wie in der Einleitung beschrieben, kommen Tiere zu unmittelbaren Kontakten zusammen und treten in einen Austausch reziproker Verhaltensweisen. Bei der Werbung zum Beispiel können zwei Tiere sich zunächst anblicken, dann bestimmte Gebärden abgeben, und schließlich treten sie in Körperkontakt und paaren sich. Oder zwei Tiere tauschen eine Sequenz von Drohungen aus, die sich bis zu einem Kampf steigert.
Dieser Austausch führt nicht mit Notwendigkeit bis zum Stadium des Körperkontakts. Die Einleitungsphasen können für sich allein auftreten, so daß das Reziprok in einem sich steigernden Austausch von Darbietungen besteht, die nur kinesische Abbildungen der Gesamthandlung sind. Diese kinesischen Abbildungen können in Formen des Spiels oder des quasi-reziproken Austauschs auftreten, bei denen nicht beabsichtigt ist, daß sie wirklich in Paarung oder Kampf einmünden.
In diesem Kapitel werden wir zuerst diejenigen Reziproken behandeln, die Sozialbindungen aufrechterhalten, anschließend jene, die eine hierarchische Ordnung oder Territorialgrenzen aufrechterhalten.

a) Affiliation

Zur Herstellung oder Erhaltung von Sozialbindungen richten Menschen den Interaktionsrahmen des »von Angesicht zu Angesicht« auf und tauschen dann kommunikative und taktile Handlungen aus, die als affiliativ gelten. Manchmal wird bei diesem Austausch auch gesprochen, aber im wesentlichen sind Reziproken nicht-verbaler Austausch.

Die Reziproken der Werbung

Zwei Menschen können den Rahmen einer Gesichtsfeld-Gruppierung herstellen und dann die charakteristischen Verhaltensweisen austauschen, die kollektiv Werbung bedeuten.

Haltung und Muskeltonus des weiblichen Werbegebarens sind uns in voller Ausprägung bekannt, denn Fotomodelle und Schauspielerinnen simulieren dies fortwährend, um anziehend oder verführerisch auszusehen. Der Kopf wird hoch und leicht schräg getragen. Das »Ziel« wird aus den Augenwinkeln heraus angesehen. Der Brustkorb wird nach vorn geschoben, so daß die Brüste hervortreten. Damit die Beine »sexy« wirken, wird der Fuß gestreckt und die Schenkelmuskulatur gestrafft. Handgelenk und Finger können leicht gekrümmt und in langsamen, bogenförmigen Bewegungen geführt werden.

Dieses Foto zeigt einen leichten Werbetonus. Der Kopf ist erhoben, die Augen glänzen und die Lider sind leicht verengt.

Eine aktiv werbende Frau präsentiert oft die Innenhand — ein in hohem Maß affiliativer Akt. Dies kann z. B. geschehen, wenn sie sich das Haar zurückstreicht, beim Rauchen oder beim Bedecken des Mundes, wenn sie sich räuspert.

Beide Teile können sich dann übers Haar streichen...

wie hier der Mann

... und in einen Zustand hohen Muskeltonus geraten (Birdwhistell, 1962).

Diese Frau zeigt ganz deutlich hohe Gespanntheit, was sie noch verstärkt, indem sie die Beine übereinanderschlägt, den linken Oberschenkel gegen das untere Knie drückend, und den Fuß anspannt. Voll ausgeprägt wird diese Beinstellung auch von Pin-up-Modellen dargeboten.

Beim Manne wird hohe Gespanntheit am deutlichsten an der Brust-Bauch-Haltung.

Er wechselt von einer »Sack«-Haltung, bei der die Bauchpartie am weitesten vortritt, …

zum »Sich-in-die-Brust-Werfen«, indem er den Bauch einzieht und die Schultern strafft.

Der Mann kann entsprechendes Dominanzverhalten auch in der Werbung einsetzen.

Er richtet sich etwa zu seiner vollen Größe auf, schiebt den Kiefer vor, tritt sehr nah an die Partnerin heran und zeigt, was allgemein als eine männliche Haltung gilt.

Nach viktorianischer Tradition erwiderte die Frau mit gewissen submissiven Darbietungen — mit Zurückweichen, mit Niederschlagen der Augen usw. Im amerikanischen Werbegebaren verändern sich jedoch diese Beziehungen, wie in der keineswegs unterwürfigen Haltung der Frau auf dem Foto oben deutlich ist.
Die Werbungssequenz kann sich Schritt für Schritt bis zum Geschlechtsakt oder zur Eheschließung steigern, kann aber auch in jeder Phase abgebrochen werden.

Bis zur Phase des Küssens kommt es gewöhnlich nicht in der Öffentlichkeit, dies geht über reziprokes Werbegebaren, das jemanden zur Beteiligung veranlassen oder eine Transaktion steuern soll, hinaus.

Bindungspflegende Reziproken

Wenn eine Frau dem Mann, der aus dem Haus geht, die Krawatte zurechtzupft oder ihm ein Stäubchen vom Ärmel streift, so pflegt sie damit nicht nur sein Äußeres, sondern auch die Sozialbindung zwischen ihnen. Dies kann beinahe zu jeder Zeit geschehen, ziemlich häufig aber bei intimem Werbegebaren.

Als das Paar sich aus der Umarmung löst, »pflegt« die Frau ihren Mann, indem sie ihm den Mantelkragen zurechtzupft.

Nicht selten wird Werbegebaren von bestimmten Verhaltensqualifikatoren temperiert, die signalisieren, daß es nicht buchstäblich zu nehmen ist. Diese Qualifikatoren verschieben die Grundregeln von der Werbung zu einer eher spielerischen Begegnung oder »Als-ob«-Werbung. Sie wurden detailliert beschrieben in einem Zeitschriftenartikel (Scheflen, 1965 a).
Reziproken der Als-ob-Werbung werden zur Herstellung einer wohlwollenden Beziehung in Situationen *jeder* Art gebraucht. Das gefällige Benehmen

des »Kavaliers« wird meistens nicht gleich als sexuelles Anerbieten verstanden, sondern als Bemühen um leichteren und freundlicheren Umgang.
Beim Flirt, einer gesteigerten Form der Als-ob-Werbung, wird die Interaktion mit Kennzeichen durchsetzt, die besagen, »es ist nur Spiel«. Hinzukommt, daß zwar die meisten Elemente der Werbung vorkommen, eines oder mehrere dieser Elemente aber auffällig fehlen oder verändert sind.

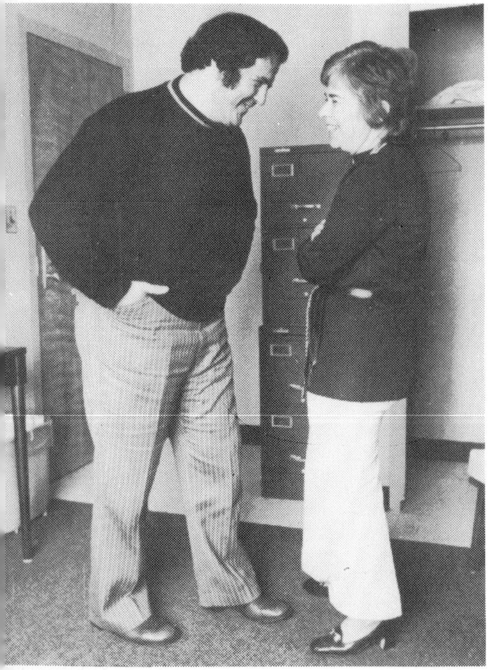

Bei diesem Flirt hat das Paar die enge reziproke Position der Werbung eingenommen, aber der Mann ist nicht in hohem Tonus, und die Frau hält die Arme verschränkt — eine Haltung des Sichabgrenzens oder des geringen persönlichen Engagements.

Eine subtile Form von Reziproken ist der Austausch von Gesichtsausdrücken. Jemand kann zum Beispiel vorübergehend ein schmerzliches oder trauriges Gesicht aufsetzen, worauf dann jemand anders mit einem verständnisvollen oder mitfühlenden Gesicht antwortet. Und manchmal werden auf diese Weise Augenzwinkern, Lächeln oder Zuneigungszeichen ausgetauscht.

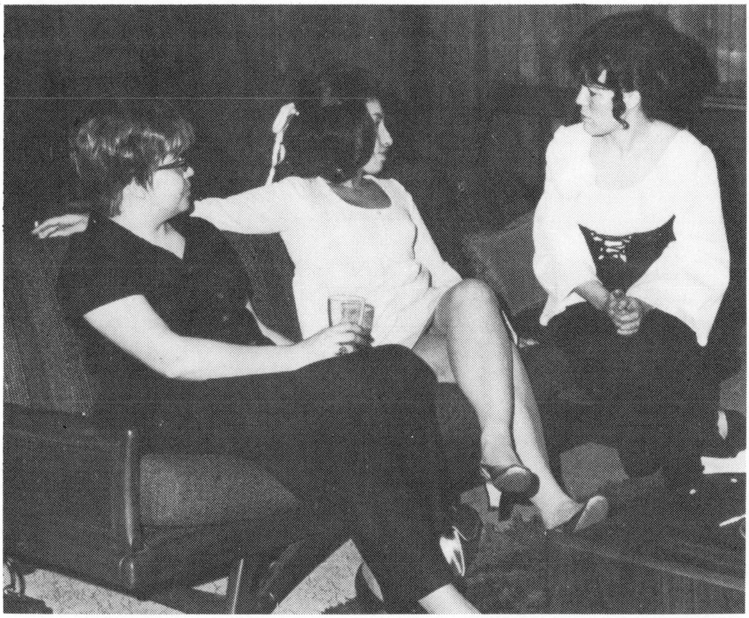

Worüber diese Frauen sprechen, wissen wir nicht, aber es ist kaum zu bezweifeln, daß ihr Austausch einfühlsam ist.

Reziproken des Lehrens

Manche Formen des Lehrens geschehen zu zweit und beruhen hauptsächlich auf dem Vormachen. Im nebenstehenden Beispiel werden einem Kind bestimmte »körperlich-aufgabenbezogene« Fertigkeiten (M. Harris, 1964) gezeigt.

Ein Mann zeigt seinem Sohn bei der Arbeit an einem gemeinsamen Vorhaben, wie man mit einem Hammer umgeht.

Dominanz-Submission

Menschen tauschen aggressives, dominantes oder feindseliges Verhalten aus. Sie können bei Grenz- oder Rechtsverletzungen aneinandergeraten, sich bedrohen oder auch tätlich werden. Häufiger ist, daß sie sich auf Darbietungen oder Abbildungen von Dominanz- oder Unterwerfungsverhalten (oft unbewußter Art) beschränken, um sprechen zu dürfen oder ihren Status zu sichern. Wenn zwei Parteien eine gespannte Interaktion eskalieren, indem jeder die aggressiven Verhaltensweisen des anderen übernimmt, so bezeichnen Bateson u. a. (1956) dies als eine »Parallel-Schismogenese«.
Wie schon beim Werbegebaren gibt es Dominanzverhalten mit eindeutigem Als-ob-Charakter. Dies sehen wir oft bei Tieren, wenn sie wild aufeinander losgehen, sich anknurren und umkreisen. Wir meinen zuerst, sie wollten sich in Stücke reißen, im weiteren Fortgang aber wird klar, daß sie sich nur ein Scheingefecht liefern. Die beiden jungen Männer in den folgenden Bildern führen die Eskalation eines solchen Scheingefechts auf. Ihr Lächeln sagt uns, daß es ein Spiel ist (Bateson, 1955).

Die beiden jungen Männer hatten miteinander gesprochen, dabei begann ihre Beziehung Merkmale eines Dominanzstreits zu verraten. Der eine hakte seinen Daumen in den Gürtel, der andere stemmte die Arme in die Seiten.

DB **Von Stuttgart nach**

Zürich

und zurück

vom 26. 9. 76 bis 29. 5. 77

Stuttgart ab	an	Bemerkungen
] D 7.13	11.01	🍷 bis Rottweil
] D 9.04	12.55	🍷 bis Singen 🍴 ab Schaffh.
E 10.05	14.02	🍷 [U] Singen 🍷 [U] Schaffh.
⊏ 12.41	15.55	🍷 bis Singen
] D 16.04	20.01	🍷 bis Singen
⊏ 17.31	20.46	🍷 bis Singen
]1) D 20.05	23.49	

ab	Stuttgart an	Bemerkungen
D 7.00	10.55	🍷 ab Rottweil
D⊏ 8.18	11.33	🍷 ab Singen
D 10.11	14.03	🍴 bis Schaffh. 🍷 ab Singen
D⊏ 13.11	16.29	🍷 ab Singen
D 16.11	20.03	🍷 ab Singen
D 19.11	22.55	🍷 ab Singen

] = vom 16. bis 24. XII. platzkartenpflichtig

]1) = Wagen nach Italien vom 16. bis 24. XII. platzkartenpflichtig

Erläuterungen und Zeichenerklärung

Die Abfahrt- und Ankunftzeiten gelten immer für den Hauptbahnhof (Hbf).
Auf Zusätze wie „(Main)", „(Westf)" usw. wird verzichtet.

- TEE = Trans-Europ-Express nur 1. Klasse (mit ✕ oder 🍷)
- IC = Inter-City-Zug nur 1. Klasse (mit ✕ oder 🍷)
- IC = Inter-City-Zug, 1. und 2. Klasse; Zug mit besonderem Komfort. (IC-Zuschlag erforderlich) mit ✕ oder 🍷
- DC = Schnellzug des Intercity-Ergänzungssystems 1. und 2. Klasse
- D = Schnellzug 1. und 2. Klasse
- E = Eilzug
- Ohne Buchstaben = Zug des Nahverkehrs
- 🚃 = Kurswagen
- 🛏 = Schlafwagen
- 🛏 = Liegewagen 2. Klasse
- ✕ = Speisewagen
- ✕ = Büfettwagen
- 🍷 = Speisen und Getränke im Zug
- ☎ = Zugsekretariat und Zugpostfunk
- 🚌 = Omnibusverbindung
- Ⓤ = Umsteigen
- Ⓤ Köln = in Köln umsteigen
- ⚒ = werktags
- † = an Sonntagen und allgemeinen Feiertagen
- ① = Montag 1)
- ② = Dienstag 1)
- ③ = Mittwoch 1)
- ④ = Donnerstag 1)
- ⑤ = Freitag 1)
- ⑥ = Samstag 1)
- ⑦ = nur Sonntag
- a = werktags außer ⑥
- b = täglich außer ⑥
- c = ⑥ und †

1) Die Züge verkehren, auch wenn der betreffende Wochentag auf einen Feiertag fällt. Sonderregelungen sind in den Fahrplantabellen angegeben.

Als allgemeine Feiertage im Bundesgebiet gelten: Neujahr, Karfreitag, Ostermontag, 1. Mai, Christi Himmelfahrt, Pfingstmontag, 17. Juni, Bußtag, 1. und 2. Weihnachtsfeiertag.

Zusätzliche Verkehrstage der IC-Züge während der Messen bitten wir dem IC-Fahrplan oder den Kursbüchern zu entnehmen.

Ⓐ = ① bis ⑤, nicht 24. XII. bis 2. I., 8. bis 11. IV.
Ⓑ = täglich außer ⑥, nicht 24. XII. bis 1. I., 8. bis 11. IV.
Ⓒ = ① bis ⑥, nicht 24. XII. bis 2. I., 9. bis 11. IV.
Ⓓ = nicht 24. XII. bis 1. I.
Ⓔ = ① bis ⑤, nicht 24. XII. bis 2. I., 11. IV.
Ⓕ = ① bis ⑥, nicht 25. XII., 1. I.
Ⓖ = ① bis ⑤, nicht 25. bis 31. XII., 11. IV.
Ⓗ = ⚒, auch 1., 17. XI., 6. I., 8. IV., 19. V.
Ⓘ = täglich außer ⑥, nicht 23. XII. bis 1. I., 8. bis 10. IV.
Ⓙ = ① bis ⑥
Ⓚ = ① bis ⑤, nicht 23. XII. bis 1. I., 8. IV.
Ⓛ = ⑦ vom 3. bis 31. X., täglich vom 19. bis 24. XII., 26. XII. bis 9. I., 27. III. bis 17. IV. und ab 20. V.
Ⓜ = ⑥, ⑦ bis 31. X., täglich vom 18. XII. bis 9. I., ⑥, ⑦ vom 15. I. bis 20. III., täglich ab 26. III.
Ⓝ = 26. IX., 19. XII. bis 24. XII., 27., 28. XII., 2. bis 8. I., an ⑥ vom 15. I. bis 19. III.
Ⓞ = nicht 24./25., 25./26. XII., 31. XII./1. I., 10./11. IV.
Ⓟ = an ⑥ vom 2. bis 30. X., täglich vom 18. bis 24. XII., 26. XII. bis 8. I., 26. III. bis 16. IV. und ab 19. V.
Ⓠ = täglich außer Nächte ⑥/⑦, nicht 24./25. XII., 31. XII./1. I., auch 18./19. XII., 1./2. I.
Ⓡ = täglich vom 18. bis 23. XII., 26. und 27. XII., 1. bis 8. I., an ⑥ vom 15. I. bis 12. III., auch 21. V.
Ⓢ = ⚒, nicht 1. XI., auch 31. X., 17. XI., 8. IV., 19. V.
Ⓣ = ① bis ⑥, nicht 24. XII. bis 2. I., 8. bis 11. IV.
Ⓤ = ① bis ⑥, nicht 25. XII., 1. I., auch 19. XII., 2. I.
Ⓥ = †, nicht 31. X., 17. XI., 25. XII., 1., 6. I., 8., 10. IV., 19. V., auch 1. XI.
Ⓦ = ⑤, ⑥ bis 30. X., täglich vom 17. XII. bis 8. I., ⑤, ⑥ vom 14. I. bis 19. III., täglich ab 25. III.
Ⓧ = ⚒ bis 16. X., 20. bis 23. XII., 3. bis 5. I., ⑤ 25. II. bis 25. III., ⚒ ab 3. IV.
Ⓨ = täglich vom 18. XII. bis 8. I., ⑥ ab 15. I., nicht 9. IV., auch 8. IV.
Ⓩ = ① bis ⑤, nicht 23. XII. bis 2. I., 8. bis 11. IV.

● = nicht 24., 31. XII.
●1) = nicht 24., 25., 31. XII.
●2) = nicht 25. XII., auch 1. I.
●3) = nicht 24., 25., 31. XII., 10. IV.
●4) = nicht 24., 25., 31. XII., 1. I., 10. IV.
●5) = nicht 25., 26. XII., 1. I., 11. IV.
●6) = nicht 25., 26. XII., 1., 2. I.
●7) = nicht 25. XII., 1. I., auch 24., 31. XII.
●8) = nicht 24., 25., 31. XII., auch 1. I.
●9) = nicht 10. IV., auch 6. I., 11. IV.
●10) = nicht 1., 17. XI., 25., 26. XII., 1., 6. I., 8. IV., 19. V.
●11) = nicht 24., 31. XII., auch 17. XI., 19. V.

■ = nicht 25. XII., 1. I.
■1) = nicht 25. XII.
■2) = nicht 25., 26. XII., 1. I.
■3) = nicht 24., 25., 31. XII., 1. I.
■4) = nicht 24., 31. XII., 10. IV.
■5) = nicht 24., 31. XII., auch 25. XII., 1. I.
■6) = nicht 24. XII.
■7) = nicht 24., 25. XII.
■8) = nicht 26. XII.
■9) = nicht 26. XII., 2. I.
■10) = nicht 17. XI., 19. V., auch 1. XI., 24., 31. XII., 6. I.

□ = auch 17. XI.
□1) = auch 1., 17. XI., 6. I., 8. IV., 19. V.
□2) = auch 24., 31. XII.
□3) = auch 6. I.
□4) = auch 18. und 25. XII.
□5) = auch 1. XI., 6. I., nicht 17. XI.
□6) = auch 1. XI., 6. I.

Bei der Fülle des zu verarbeitenden Materials sind trotz sorgfältiger Bearbeitung vereinzelte Druckfehler oder kleinere Unstimmigkeiten nicht immer vermeidbar. Eine rechtliche Gewähr für die Richtigkeit des Inhalts kann daher nicht übernommen werden.

Die Eskalation geht weiter. Der Mann links ballt die Faust, der rechts geht einen Schritt vor, hebt den Kopf, äußert verbal eine Drohung und hält dem Gegenüber den Zeigefinger unter die Nase. An seinem Gesichtsausdruck erkennen wir aber, daß er es nicht ernst meint.

Die Grenze zwischen dem Als-ob- und dem echten Dominanzstreit kann sehr fein sein, und manchmal müssen die Qualifikatoren für den Spielcharakter besonders unterstrichen werden.

Die beiden beginnen zu rangeln. Aber der links im Bild lacht laut, um den anderen daran zu erinnern, daß es nur Spiel ist.

Manchmal wird diese Grenze erreicht oder überschritten; es kommt dann zu einem wirklichen Kampf. In anderen Fällen wird der Als-ob-Streit abgewiegelt.

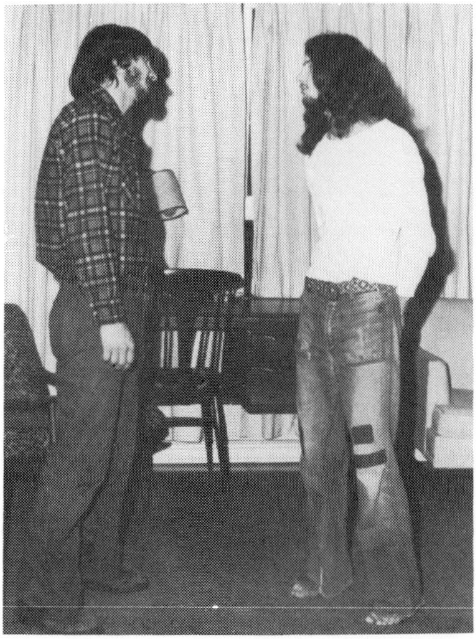

Der Mann links neigt den Kopf zur Seite und sagt etwas Versöhnliches. Der rechts nimmt den Kopf ein wenig herunter, lockert die Rumpfhaltung, gibt leicht nach. Der Austausch erscheint abgekühlt, aber ihre Gesichter zeigen mehr Ärger als auf dem ersten Bild.

Und hier ist eine interessante und anschauliche Kontraststudie zum Dominanzverhalten von Polizisten aus zwei verschiedenen Kulturtraditionen:

Dem italienischen Polizisten sagt man nach, er betrachte sich als einen Diener der Menschen …

… während sich der amerikanische Polizist typischerweise als Vollstrecker des Rechts ansieht.

2

Haltungs- und Bewegungsrahmen der Interaktion

Reziproke Handlungen werden zeitlich und räumlich »eingerahmt« durch Haltung und Lokalisation der Körper. Die Personen setzen oder stellen sich so zueinander, daß die Körper und gewöhnlich auch die Gesichter einander zugewandt sind. Meist sehen sie sich während der Interaktion an, und wenn sie sprechen, richten sie ihre Stimme auf die Distanz ein, so daß der andere sie gut hören kann. Diese Anordnung der Körperstellungen, bei der zwei oder mehr Personen in einem Paar, einem Dreieck oder einem kleinen Kreis einander zugewandt sind, grenzt einen kleinen Raum oder ein Territorium ab, in dem das reziproke Handeln stattfindet.
Wenn nur die Körper der Beteiligten einander zugewandt sind, sprechen wir von einem »Vis-à-vis«, wenn sie sich auch anblicken, von einem »Face-to-face«.
In einem späteren Kapitel werden wir sehen, daß auch die Dauer der reziproken Beziehung und Gruppierung klar angezeigt und daß Anfang und Ende durch besondere Verhaltensweisen markiert werden. Eine reziproke Sequenz wird also nicht nur räumlich, sondern auch zeitlich eingerahmt.

a) Einrahmung der Interaktion

Das Vis-à-vis

Wenn zwei Menschen zum Kommunikationsaustausch zusammenkommen, wenden sie sich einander zu, begrüßen sich und nehmen eine Vis-à-vis-Stellung ein. Dann regeln sie die Distanz zwischen sich, je nach ihrer ethnischen Herkunft, dem Grad ihrer Vertrautheit miteinander, ihrer bisherigen Beziehung, nach dem, was sie miteinander zu tun vorhaben, und nach den dinglich-räumlichen Umständen.
Oft gehören die Beteiligten verschiedenen Kulturen an oder haben unterschiedliche Vorstellungen über die Natur ihrer Zusammenkunft und damit auch über die interpersonale Distanz, die sie angemessen finden. In solchen

Fällen kann es vorkommen, daß sie einen regelrechten Tanz von Annäherungs- und Entfernungsschritten vollführen müssen, ehe sie einen Kompromiß finden.

Menschen nordeuropäischer Abkunft wie Briten und Britisch-Amerikaner wählen meist weite interpersonale Abstände. Sie stehen knapp außerhalb bequemer Berührungsreichweite zueinander und berühren sich im Gespräch nicht oft.

Die lateinischen Völker dagegen, Franzosen und osteuropäische Juden stehen näher zueinander, bequem innerhalb der Berührungsreichweite. Die jüdische Kultur ist hochgradig taktil.

Andere Aspekte der körperlichen Beziehung werden zwischen den zwei Partnern so abgestimmt, daß das Ausmaß ihres »Engagements« (Goffman, 1971) in ihrer Beziehung und der Grad ihrer »Offenheit« oder »Verschlossenheit« für Dritte angezeigt werden (Scheflen, 1964, 1971 b).

Wenn kein Bedürfnis nach Privatheit besteht oder wenn das Paar zeigt, daß es weder Geheimnisse bespricht noch sich umwirbt, so nehmen beide gewöhnlich eine größere Distanz zueinander ein und stehen »offen«, in einem Winkel von 60 bis 90 Grad, so daß Dritte einbezogen werden können.

Wenn ein Paar privat miteinander spricht oder nicht gestört werden möchte, so werden die Partner bei Annäherung Dritter ihr Vis-à-vis »abschirmen«. Sie gehen dann vielleicht in die Face-to-face-Position, treten dicht zusammen oder winkeln als Barriere die Arme ab.

Das Ausmaß des Engagements kann dadurch angezeigt werden, daß sich die Partner berühren oder nicht, daß sie ausschließlich aufeinander konzentriert sind oder aber die Augen im Raum umherschweifen lassen und Blicke mit anderen wechseln, die sich außerhalb ihres Territoriums befinden, daß sie

nur füreinander sprechen oder aber so laut, daß andere mit in ihr Gespräch einbezogen werden.
Auf die eine oder andere Art dienen die Körper der Gruppenmitglieder dazu, den zeitweiligen Raum ihrer Kommunikationstätigkeit zu definieren. Im Bild S. 40 u. geben die Hand- und Armhaltungen klar die Grenzen dieses Raums oder Territoriums an und schließen die beiden Männer im Hintergrund aus.
Beidseitige Armabwinkelung wird gewöhnlich dann gebraucht, wenn das Territorium des Gesprächs oder der reziproken Tätigkeit von beiden Seiten her für andere offensteht. Ist es nur von rechts her zugänglich, kann der rechte, wenn von links, der linke Arm in die Seite gestemmt werden.

In dieser Gruppierung gebraucht die Frau im weißen Kleid den linken Arm so, als ob sie die Personen links fernhalten möchte. Von rechts dagegen ist das Territorium zugänglich.

Wenn der Leser die Fotos in diesem Abschnitt noch einmal durchgeht, wird er bemerken, daß gewöhnlich auch die Beine und Füße in dieser Weise benutzt werden.

Die Füße der beiden Gesprächspartner sind so gestellt, als sollten sie einen Kreis um die kleine Gruppierung umschreiben (Goffman, 1971).

Die Endmarkierung

Wenn Menschen die Aktivität in einer Gruppe beenden, zeigen sie dies an, *indem sie den Haltungsrahmen aufgeben.* Sie treten zurück, blicken zu Boden oder von der Gruppe weg, wenden sich ab und zu anderen Dingen hin. Sie machen eine abschließende Bemerkung und/oder Geste. Diese Endmarkierungen werden ausführlicher in Kapitel 4 beschrieben.

Seite an Seite

Oft nehmen Menschen zueinander Seite-an-Seite-Positionen ein. Eine solche Beziehung ergibt sich manchmal durch Zufall oder aus äußeren Umständen, z. B. wenn zwei zufällig in die gleiche Richtung gehen oder sich im Park oder im Zug auf die gleiche Bank setzen. In diesem Fall zeigen sie weiter keine Beziehung zueinander.

»Miteinander« *

Wenn das Seite-an-Seite von zwei oder mehr Menschen Folge ihrer Verbindung oder ihrer Kooperation in einer Rolle ist, so werden sie dies bewußt oder unbewußt durch zusätzliche Verhaltensweisen signalisieren.

---

* Wenn Menschen zeigen, daß sie zusammengehören und so eine besondere soziale Einheit bilden, so bezeichnet Goffman (1971) dies als ein »Miteinander«. Kendon (1970) hat das Verhalten »mobiler« oder »reisender Miteinander« untersucht.

Die Frau in der Mitte ist mit der Frau links im Bild zusammen, nicht aber mit der rechts. Mit dieser sitzt sie nur zufällig auf derselben Bank, eine Beziehung, die angezeigt wird, indem sich beide leicht voneinander wegwenden und einen Zwischenraum zwischen sich freilassen.

Dieses Paar kommt als ein »Miteinander« durch die Tür. Ihre Körper sind eng zusammen und die Bewegungen synchron. Sie haben gerade Bemerkungen gewechselt, und er berührt sie. Sie werden gleich zusammen einen Dritten begrüßen.

Wenn Menschen Zusammengehörigkeit zeigen, so grenzen sie ein kleines Territorium für sich ab, in diesem Fall durch eine Seite-an-Seite-Position.

Dieses »Miteinander« hat sich noch näher als *ausschließend* definiert. Ihre Köpfe sind gesenkt, sie sind stark miteinander beschäftigt und weisen Dritte ab.

Die zusammengehörigen Personen können während einer ganzen Handlungssequenz Seite an Seite bleiben oder aber getrennte Wege gehen und später wieder in den Miteinander-Rahmen zurückkehren.

Wahrscheinlich tritt das Paar einem Dritten Seite an Seite gegenüber, so daß ein ungleichseitiges Dreieck entsteht.

Einrahmung größerer Gruppierungen

Auch Gruppen aus mehr als zwei oder drei Mitgliedern können auf bestimmte Weise ihr Interaktionsterritorium abgrenzen. Die Mitglieder verteilen sich dabei so im Raum, daß sie mit ihren Körpern ein Rechteck oder einen Kreis bilden.

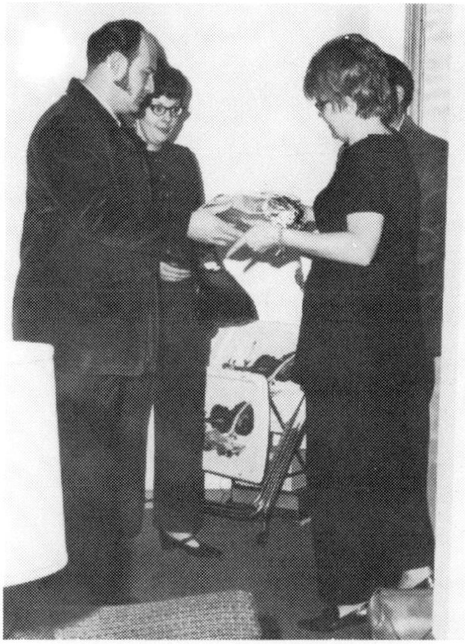

Hier stehen sich zwei Ehepaare gegenüber und begrüßen sich. Sie bilden dabei ein kleines Quadrat.

Hier bildet eine Gruppe im Gespräch einen kleinen Kreis.

b) Territorialdurchgang

Manchmal bewegt sich jemand durch eines dieser kleinen zeitweiligen Territorien einer Gruppe, etwa einer Gesprächsrunde, hindurch. Seine Positur und sein Verhalten dabei bezeichnen wir als Territorialdurchgangs-Verhalten.

Hier geht eine Frau durch den Kreis hindurch, der im vorigen Foto zu sehen war. Sie ist auf dem Weg zu einer anderen Gruppe von Gästen, die sie mit Getränken versorgt.
Ihre Haltung ist die des Territorialdurchgangs. Sie scheint ziemlich verlegen, entweder weil sie durch die Gruppe schreitet oder weil sie dabei fotografiert wird.

Man benutzt unwillkürlich dieses Verhalten, wenn man durch Gelände geht, das jemand anders gehört, z. B. durch die Korridore eines privaten Wohnhauses, über jemandes Hof, durch die Räume einer Institution, der man nicht angehört, oder durch die Nachbarschaft einer anderen ethnischen Gruppe.

Auch der Mann in diesem Bild zeigt die charakteristische Haltung des Territorialdurchgangs. Er senkt Kopf und Schultern, so daß die Brust nicht vortritt, und hält die Hände eng an oder vor den Leib.
Ebenso wie die Hände behält er während des Durchgangs auch die Blicke »bei sich«. Wenn er an den Leuten vorbeikommt, denen das Gelände gehört, murmelt er vielleicht eine Entschuldigung.

Höfliche Gleichgültigkeit

Wenn Fremde auf neutralem Boden aneinander vorübergehen, gehorchen sie einer Konvention, die Goffman (1971) als die der »höflichen Gleichgültigkeit« bezeichnet.

Aus einer Entfernung von vier, fünf Metern (bei freiem Raum) werfen sie sich einen Blick zu, womit sie einander lokalisieren und die Gegenwart des anderen zur Kenntnis nehmen. Das ist *höflich.*

Wenn sie einander näherkommen, blickt jeder fort oder zu Boden. Diese Blickvermeidung bekundet die *Gleichgültigkeit.* Eindeutig wird damit nicht zu einer längeren Begegnung eingeladen.

Dieses Ritual wird von verschiedenen Menschen verschieden vollführt, und dies ergibt, wie man sich denken kann, in den Straßen einer Stadt wie New York manche Mißverständnisse. Die Frauen aus manchen lateinischen Kulturen zum Beispiel halten den Blick beim Vorübergehen einen Sekundenbruchteil länger fest als weiße Anglo-Amerikaner oder jüdische Amerikaner; die letzteren glauben sich dann leicht zu einer intimeren Begegnung aufgefordert. Schwarze und weiße Amerikaner vermeiden oftmals den höflichen Blickaustausch oder blicken sehr abrupt wieder weg; solche Begegnungen werden dann als feindselig empfunden. In manchen Fällen halten auch die

Mitglieder einer der ethnischen Gruppen den Blick so lange auf den andern gerichtet, bis dies einer Provokation gleichkommt.
Bei Begegnungen außerhalb des eigenen Territoriums muß man sich daher besonders bedachtsam verhalten.

Einen Fremden anzusprechen oder ihn sogar zu berühren, ist zulässig, wenn man zunächst »entschuldigen Sie« sagt und dann auf harmlose und unaufdringliche Weise einen annehmbaren Wunsch äußert.

c) Grußverhalten

Das Grüßen ist natürlich Vorspiel jeden Austauschs. Menschen, die sich bereits kennen, wechseln, wenn sie sich sehen, ein gegenseitiges Erkennungszeichen. Sie wenden die Gesichter einander zu, warten auf den andern oder gehen näher an ihn heran und machen das Gesicht des Erkennens (Kendon, Ferber, 1970).
Das gebräuchliche Erkennungssignal ist der »Augengruß«, den Eibl-Eibesfeldt bei Menschen aus aller Welt gefilmt hat. Dabei werden in einer raschen Zweiphasen-Bewegung die Brauen gehoben.

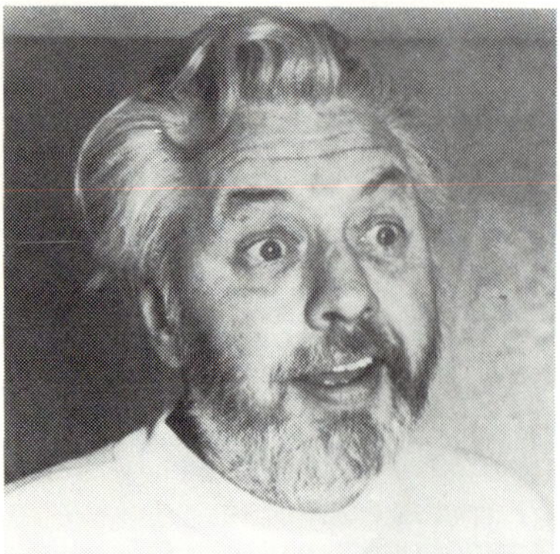

Hier wurde der Autor in einer ungestellten Aufnahme in der zweiten Phase des Augengrußes festgehalten. In der ersten Phase blickt der Grüßende seinen Bekannten an, hebt leicht die Lider und nimmt manchmal auch den Kopf etwas zurück. In der zweiten Phase, einen Moment später, werden die Augenbrauen gehoben und die Augen weit geöffnet.

Fernbegrüßung

Eröffnet wird die Begrüßung aus einer Entfernung von etwa vier Metern oder auch mehr (auf menschenleeren Plätzen). Kendon und Ferber (1970) bezeichnen dies als Fernphase der Begrüßung. Wenn die Partner aufeinander zugehen und sich gut genug kennen, so tauschen sie nach dem Augengruß in der Regel noch weitere (sprachliche) Grußzeichen aus; sie leiten damit ein Begrüßungsritual ein.

Einer unserer Forschungsmitarbeiter sieht den Verfasser auf dem Weg ins Büro und zeigt das typische amerikanische Grußverhalten auf Entfernung. Er dreht sich um, winkt und sagt »hallo, Al«.

Dann gehen die beiden Männer aufeinander zu und strecken die Hände aus.

Wir wollen die wesentlichen konventionellen Bestandsmerkmale der Begrüßung festhalten. Es sind 1. eine Zuwendung (zumindest des Gesichts und des Blicks), 2. ein Augengruß, der Erkennen signalisiert, 3. eine weitere (sprachliche) Begrüßung und 4. die Darbietung der Handfläche in einer Winkgeste. Diese Elemente treten überall unter den Primaten auf.

Nahbegrüßung

Als nächstes gehen die Partner aufeinander zu.

Wenn sie gute Bekannte oder Freunde sind, so schütteln sie sich die Hände. (Zwischen Arbeitskollegen oder Personen, die sich oft sehen, kann dies ausgelassen werden, auch zwischen einander feindlichen Personen wird es vermieden. In Amerika weiß man gegenwärtig nicht, ob man Personen des anderen Geschlechts die Hand geben soll oder nicht.)

Personen, die eng befreundet oder verwandt sind, umarmen sich dann vielleicht, besonders wenn sie sich seit einiger Zeit nicht mehr gesehen haben. Zwei Frauen küssen sich dabei manchmal, Mann und Frau manchmal auch.

Was für ein körperlicher Kontakt bei der Begrüßung stattfindet, hängt im einzelnen ab vom Charakter der Beziehung, der seit der letzten Begegnung verflossenen Zeit und ähnlichem.

3

Körperbewegungen beim Reden

Bestimmte Hand- und Gesichtsbewegungen haben sich offenbar in Verbindung mit den Tätigkeiten des Sprechens und Zuhörens entwickelt. Diese Bewegungen, die in der Kinesik-Forschung als »Gesten« bezeichnet werden, hat Birdwhistell (1952, 1966, 1970) gründlich untersucht und beschrieben. Die Geste stellt abbildend oder mimisch die Gestalt einer Idee dar, die der Sprecher verbal zu schildern versucht. (Der Terminus Geste bezeichnet hier wohlgemerkt nur diese Art von kinesischen Aktivitäten und nicht auch alle anderen Formen, wie manchmal im umgangssprachlichen Gebrauch.)

Wenn Menschen sprechen und zuhören, richten sie ihre Körper zur räumlichen Einrahmung dieser Tätigkeit aufeinander aus, ebenso wie bei anderen reziproken Interaktionen (Kapitel 2). Um die Folge der Sprech- und Zuhörakte zeitlich zu interpunktieren, bewegen sie Augen, Gesicht, Hände und Körper wie bei den Reziproken oder bei körperlichen Arbeiten. Wir können also annehmen, daß die Grundformen der Kommunikationsbewegungen von älteren Säugetieren und Primaten in die menschliche Tätigkeit des Dialogs oder der Konversation übertragen wurden.

a) Die Geste

Zeigegesten

Ein Sprecher kann mit Gesten auf Dinge und Personen zeigen, über die er spricht.

Hier zeigt der Sprecher auf seine Frau (die links von ihm sitzt). »Sie ...« sagt er in jenem Ton, den wohl alle Frauen nicht besonders schätzen, und zeigt dabei mit dem Daumen auf sie.

Betonungsgesten

Manche Gesten dienen zum Anzeigen von Betonungen. Hier schlägt sich ein Mann mit der Faust in die Handfläche, um seiner Äußerung Nachdruck zu geben.

Demonstrativgesten

Manche Gesten bezeichnet Birdwhistell als »ikonische Abbildungen«, das heißt, sie sehen so aus wie das, wovon gesprochen wird, oder demonstrieren es.

Demonstrativgesten können einen Umfang oder eine Größe anzeigen, wie hier, wo gezeigt wird, wie groß ein Kind ist.

Demonstrativgesten können auch in abstrakterem Sinne gebraucht werden, so hier, wo ein Mann einem andern zu verstehen gibt, daß er jetzt offen und »von gleich zu gleich« mit ihm reden wolle.

Handbewegungen können abstrakte Wörter oder Sätze begleiten. Der Mann im Bild spricht über etwas, wobei ein Trennschnitt gemacht wird.

Die Frau hält beide Fäuste hoch. Während sie auf den einen Aspekt des Themas eingeht, öffnet sie die rechte Hand. Voraussichtlich wird sie später die andere öffnen, etwa zusammen mit einem »andererseits…«.

Und eine Geste wie diese wird gebraucht bei Aussagen wie »Ich hätt' es *alles* haben können«.

Berührungsgesten

Manchmal stellt die Handgeste auch einen Berührungskontakt mit dem Zuhörer her.

Kurze Berührungen wie hier begleiten oft Aussagen über die Beziehung zwischen den Partnern, z. B. »Warum gehen wir nicht zusammen hin?«

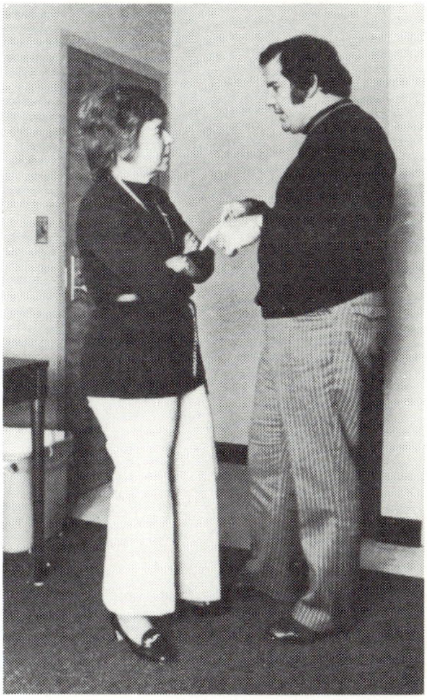

Efron (1941) hat gezeigt, daß viele jüdische Gesten aus Antipp- oder »Knopfloch«-Berührungen bestehen, mit denen die Aufmerksamkeit des Zuhörers festgehalten wird; diese Berührungen treten aber auch in anderen Kulturen auf.

Gesichtsgesten

Wie schon in Kapitel 1 erörtert, kann eine Gesichtsdarbietung Teil einer emotionalen Reaktion auf einen unmittelbaren Reiz sein. Etwas macht uns ärgerlich, und unser Gesicht sieht verärgert aus; etwas macht uns froh, und wir zeigen das in unserem Gesicht. Das Gesicht, das wir machen, kann eine Konfiguration sein, von der wir gelernt haben, daß sie für einen bestimmten Anlaß die »passende« ist. Wir machen das Gesicht, das der Anlaß gebietet. Während bei der Messe die Hostie geweiht wird, sieht man selten, daß zwei Männer sich vergnügt zulachen.

Eine andere Rolle spielt das Gesicht in der Gesichtsgeste. Sie stellt einen Kommentar zu dem Gesprochenen dar. Sie kann zeigen, wie man einmal ausgesehen hat, wie man gern aussehen würde, wie jemand anders dreinsah usw.

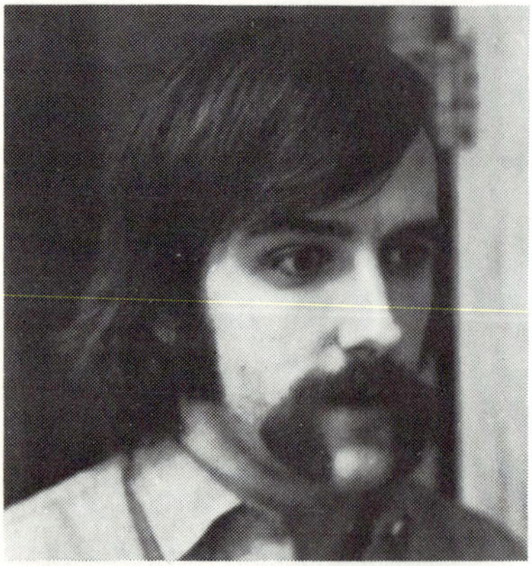

Dieser Mann scheint Verwirrung oder Überraschung auszudrücken, jedoch nicht als Reaktion auf ein unerwartetes Ereignis in der Situation, er erzählt vielmehr eine Geschichte. Wir müssen also annehmen, daß seine Gesichtsgeste einen Aspekt des Geschehnisses übermittelt, von dem er berichtet.

Diese Frau sagt wohl, was sie tun wird, wenn sie den Soundso nochmal zu fassen kriegt. Die Gesichtsgeste ergänzt die Bedeutung des Gesagten.

b) Sprechmarkierungen

Beim Sprechen bringen Menschen bestimmte Laute in eine gewohnte Abfolgeordnung. Wir können also sagen, daß Sprechen weitgehend auf dieselbe Weise programmiert ist wie die Sätze einer Sinfonie, die Szenen und Akte eines Dramas oder die einzelnen Schritte bei einer gewohnheitsmäßig beherrschten Aufgabe.
Die menschlichen Sprechwerkzeuge können viele tausend Laute hervorbringen; um aber eine *Sprache* zu sprechen, muß man ein bestimmtes Repertoire oder Programm von herkömmlichen Lauten benutzen. *

Analyse des Sprechverhaltens

Bei einer Zusammenkunft in meinem Büro berichtete uns John, ein Kollege, die Administration hätte gegen unseren Plan Widerspruch eingelegt. Er sagte: »They cut down our whole plan« (Sie streichen unsern ganzen Plan).

Als er sagte »they«, wandte John den Kopf zum Verwaltungsgebäude hin. Beim »cut« vollführte er mit der rechten Hand eine Schneidebewegung abwärts.

* In der Terminologie der Linguistik heißt der Rohlaut das »Phon«. Phone verbinden sich in bestimmter Weise zu »Phonemen«, die in etwa Silben entsprechen. (Im Englischen gibt es davon dreiunddreißig.) Phoneme verbinden sich zu »Morphemen« (Worten), und Morpheme verbinden sich zu Sprechsätzen.
Ein Sprechsatz oder syntagmatischer Satz unterscheidet sich von einem geschriebenen, grammatischen Satz dadurch, daß er durch Sprechpausen, Wechsel der Tonhöhe und eine kinesische Abschlußmarkierung interpunktiert wird. Ein grammatischer Satz kann zwei oder drei syntagmatische Sätze enthalten. Zur Illustration ein Sprechchor von Demonstranten gegen die Kriegsdienstpflicht:

Beim »down« brachte er die Rechte noch tiefer herunter.

Beim »our« brachte er seine Hände in diese Stellung, in der sie auch blieben, während er »whole plan« sagte, so als ob er zeigen wollte, daß dies sich auf ein einheitliches Paket beziehe. Zur Betonung jedes der beiden Worte wurden jedoch beide Hände zweimal kurz gesenkt.

Die Kopf- und Handgesten bilden sich zugleich mit dem Wort oder Satz, der gesprochen wird. Der Sprecher macht die Geste, *während er das Wort ausspricht,* dann eine andere Geste zum nächsten Wort usw. Die Geste dient also sowohl zur Illustration des Gesagten wie auch zur Interpunktion des Satzes.

»Hell — no — we won't go«, der drei syntagmatische Sätze enthält. Die rhythmischen Markierungen sind klar zu erkennen. Annäherungsweise kann man sagen, daß Punkt, Komma, Doppelpunkt und Semikolon des schriftlich-englischen Interpunktionssystems auch die Gliederungselemente von Sprechsätzen darstellen.

Gegen Ende des Sprechsatzes hält der Sprecher inne und wechselt in eine bestimmte Tonhöhe. Birdwhistell (1952, 1961, 1966, 1970) hat gezeigt, daß jedes sprachliche Interpunktionszeichen (juncture) dieser Art von einer vertikalen Bewegung begleitet wird. Das Zeichen ist also gleichzeitig sichtbar und hörbar.

Als John das Wort »plan« zu Ende sprach, senkte er den Ton, *senkte den Kopf und die Hände* und gab so ein Abschlußzeichen (Birdwhistell, 1966; Scheflen, 1964).

Dieser Mann stellt eine Frage. Er *hebt* dazu den Kopf, die Augenbrauen und auch (im Bild nicht sichtbar) den Zeigefinger.

Wenn der Sprecher einen bestimmten Satz beendet hat, aber noch weitersprechen will, so besteht das Interpunktionszeichen in einer Sprechpause, während der er jedoch seine Haltung sowie Kopfstellung und Blickrichtung beibehält, um am Wort zu bleiben.

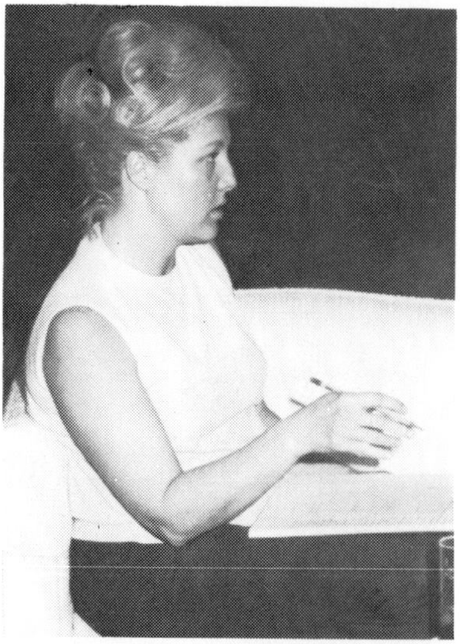

Diese Sprecherin hält inne und erwartet eine Antwort, bleibt aber in der Sprecherhaltung und will weitersprechen.

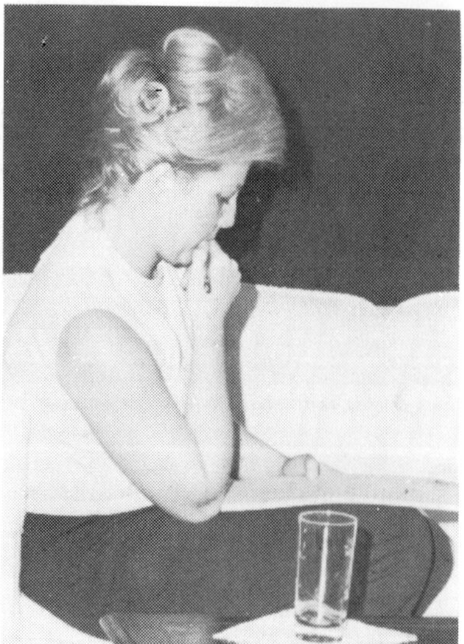

Hier macht sie eine längere Pause, während ihr Partner spricht. Sie ist mit einem ihrer Hauptpunkte fertig, hat aber das Wort noch nicht abgegeben.

Der Sprecher verpackt seine Äußerungen für die Zuhörer: Er signalisiert Anfang und Ende, markiert die Abschnitte, er zeigt auf das, wovon er spricht und illustriert seine Begriffe, und oft zeigt er uns mit seinem Gesicht, was er bei der Sache für ein Gefühl hat.
Gewöhnlich äußert ein Sprecher nicht nur einen syntagmatischen Satz, sondern eine Satzfolge, um einen Gedankengang oder ein Argument vorzubringen. Am Ende eines Punkts seiner Argumentation verändert der Sprecher im allgemeinen die Kopfhaltung und Blickrichtung, manchmal auch die Körperhaltung.

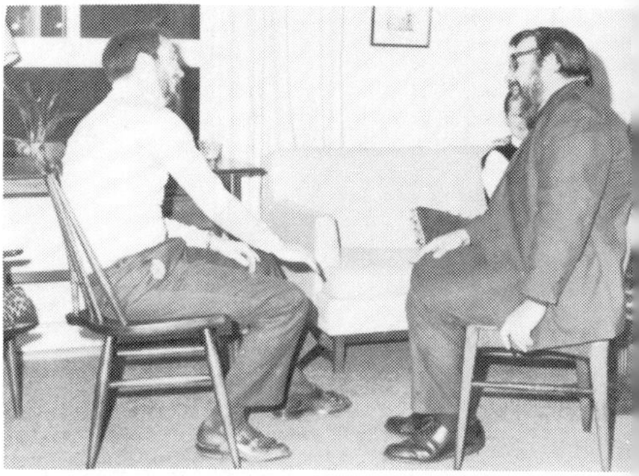

Der Mann rechts im Bild spricht über einen Punkt mit dieser Kopfhaltung.

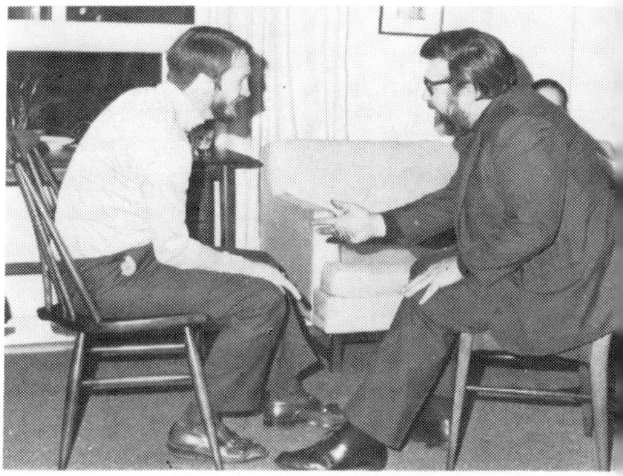

Er macht eine Pause, lehnt sich vor, ändert die Gesichts- und Augenzuwendung und die Kopfhaltung. Dann spricht er über einen zweiten Punkt.

In dieser Weise wird der Gesprächsfluß auf allen Integrationsebenen — Wörter, Sätze, zusammenhängende Äußerungen — durch Pausen, Veränderungen der Betonung und der Tonhöhe, kinesische Zeichen und Haltungsänderungen interpunktiert. Dies wurde an anderer Stelle ausführlicher beschrieben (Scheflen, 1964, 1966b, 1971a; Hockett, 1958; Birdwhistell, 1966, 1970).

c) Redemarkierungen

Der Sprecher

Drei Haltungen werden am häufigsten von Sprechern eingenommen:

Bei förmlicheren Diskussionen mit einer Tagesordnung erhalten die einzelnen Sprecher nacheinander das Wort. Der offizielle Sprecher begibt sich womöglich aufs Podium, zumindest wird er aufstehen.

Bei einer ungezwungeneren Diskussion bleibt ein Sprecher, der keine förmlichen Ausführungen machen will, sitzen, beugt sich aber vor und bringt eine oder beide Hände — vielleicht auch eine Zigarette — in den Raum vor sich. Eine ähnliche Haltung wird auch bei Abwesenheit eines Tisches eingenommen.

Bei einem formlosen Gespräch kann sich ein Sprecher, der einen gewissen Status in der Gruppe genießt, zum Sprechen zurücklehnen. Der Sprecher auf diesem Foto gibt ein charakteristisches kinesisches Dominanzsignal, während er das Wort ergreift — er legt die Handflächen gegen den Hinterkopf.

Zuhörverhalten

In der amerikanischen Mittelschicht muß ein »guter« Zuhörer den Sprecher ansehen. Er sollte dabei leicht neben das Gesicht des Sprechers blicken. Gelegentlich kann sein Blick auch dem des Sprechers begegnen, aber er sollte ihm nicht in die Augen starren.

Der Zuhörer soll (verbal wie auch kinesisch) ruhig bleiben. Er soll kein geringschätziges oder angewidertes Gesicht machen oder andere kinesische Ablenkungen darbieten.

Obwohl er sich kinesisch nicht eben ruhig verhält, hört der Autor sehr aufmerksam zu. Wie von ihm erwartet wird, nickt er und signalisiert Verstehen oder Nichtverstehen. Von Zeit zu Zeit fügt er auch Bemerkungen hinzu.

In einer Einklang-Beziehung (rapport) sind Sprecher und Zuhörer oft »synchronisiert«, d.h. sie haben die gleiche Sitzhaltung und bewegen sich synchron.*

Die zwei Frauen rechts halten den linken Arm und die untere Körperhälfte zueinander parallel. Die Frau in der Mitte und die Frau links haben parallele Oberkörperhaltung. Beide haben die rechte Hand nahe am Gesicht.

Synchrone Bewegungen lassen sich natürlich nicht auf einem einzelnen Standfoto erkennen. In einem Film jedoch kann man sehen, ob die Gruppenmitglieder im Fluß des Verhaltens wechselseitig aufeinander ausgerichtet bleiben.

Markierung des Programms

Ebenso wie es traditionelle Regeln dafür gibt, wie ein Sprecher Worte und Gesten zu Äußerungen verknüpfen soll, gibt es Konventionen, die vorschreiben, wie die Äußerungen in einem Gespräch geordnet werden müssen. In der amerikanisch-europäischen Tradition zum Beispiel ist es üblich, daß immer nur eine Person gleichzeitig spricht. Wenn einer das Wort hat, wird von den andern erwartet, daß sie still sind und zuhören, bis sie ihrerseits an die Reihe

* Condon und Ogston (1966) haben gezeigt, daß Menschen, die in enger Beziehung zueinander stehen, in ihrem Sprech- und Bewegungsverhalten eine Mikrosynchronizität aufweisen, mit einer Geschwindigkeit von 48 Takten pro Sekunde, was nur durch spezielle Filmaufnahmen sichtbar gemacht werden kann. Sie glauben, daß diese Synchronizität für das Koordinieren der Interaktionen notwendig ist.

kommen. Erst wenn ein Sprecher mit seiner Äußerung fertig ist (was durch die zuvor in diesem Kapitel beschriebenen Abschlußzeichen signalisiert wird), kann der Nächste sprechen.

Bei einem einfachen symmetrischen Dialog sprechen beide Partner ungefähr gleich lange. In einer Gruppe wird das Wort nach irgend einer Regel oder nach Seniorität reihum erteilt. Männer zum Beispiel sprechen oft als erste. Bei weniger symmetrischen Formen des Gesprächs kann es sein, daß ein Sprecher mit besonderem Status einen langen Vortrag hält, zu dem die anderen dann nur Kommentare geben oder Fragen stellen.

Bei förmlicheren und spezielleren Tätigkeiten besteht ein ausdrücklich formuliertes, manchmal auch schriftliches Programm. Es gibt nicht nur die Reihenfolge an, in der bestimmte Sprecher zu Wort kommen, sondern setzt auch die Themen fest. In einer Parlamentsdebatte oder einem Rechtsstreit zum Beispiel trägt zunächst die eine Partei durch einen Sprecher ihre Auffassung vor, dann die andere Partei. Anschließend tragen die Vertreter beider Seiten Gegenargumente vor oder verhören die Zeugen.

Alle menschlichen Tätigkeiten sind in ähnlicher Weise programmiert, je nach dem, was die Erfordernisse der Aufgabe, die Spielregeln oder die Traditionen abgestimmten Handelns gebieten. So hat der Gottesdienst eine geregelte Folge von Handlungen, Boxkämpfe oder Radrennen führen über eine festgelegte Folge von Runden oder Etappen. Bei informellem Austausch ist das Programm den Teilnehmern unbekannt, oder es wird sogar bestritten, daß man ein Programm habe. Reziproken — wie etwa Liebeswerbung — sind dafür ein Beispiel.

Bei allen Tätigkeiten rahmen die körperlichen Haltungen und Ausrichtungen der Teilnehmer den Ort der Handlung ein, und Veränderungen in der Haltung der Gruppenmitglieder zeigen neue Schritte in der Handlungsfolge an.

Abschlußzeichen

Wenn Menschen eine Interaktion überhaupt beenden, lassen sie für einen Moment die Augen sinken, vollführen ein Abschiedsritual, lösen sich aus dem wechselseitigen Aufeinander-Ausgerichtetsein und verlassen den Schauplatz. Bei der Vollendung einer Arbeit gibt es oft ein spezifisches kinesisches Abschlußsignal, so zum Beispiel, wenn ein Arbeiter, nachdem er mit etwas fertig ist, die Handflächen aneinander reibt.

Das Ende dieses Körperpflege-Reziproks wird signalisiert durch ein leichtes Handauflegen auf den Scheitel des Jungen.

Hier gebraucht eine Mutter das Aneinanderreiben der Handflächen als Abschlußsignal nach einer Körperpflege-Sequenz mit ihrer Tochter.

Auch künstlerische Darbietungen haben ihre Abschlußsignale wie etwa die Verbeugung vor dem Publikum. Sportwettkämpfe werden mit Beifall oder Pfiffen quittiert.

II

Die regulative Funktion der Kinesik

In Teil I haben wir einfachen Bewegungen und Körperhaltungen eine regulative Bedeutung zugeschrieben. Wir haben den Reziprokenaustausch dargestellt, in dem Menschen sich einander verbinden und eine Dominanzordnung aufrichten. Und wir haben gesagt, daß Haltungen und Bewegungen auch dazu dienen, Reziprokenaustausch und Gespräche einzurahmen und zu interpunktieren.

Die gleiche Funktion haben Haltungen und Bewegungen offenbar auch in Interaktionen, an denen eine größere Anzahl Menschen teilnimmt und bei denen Arbeit, Spiel oder Diskussion sich nach längeren und komplizierteren Verfahrensweisen vollziehen. Wie die einfacheren Interaktionen werden diese Tätigkeiten von einer herkömmlichen Tagesordnung (oder Programmen) gelenkt, welche die Abfolge der Geschehnisse bestimmt. Wenn eine Gruppe sich versammelt, wählen die Mitglieder aus ihrem Repertoire ein Programm aus und nehmen es zur Grundlage ihrer Kommunikationstätigkeit.

Bei dieser Programmauswahl spielen Körperbewegungen eine Rolle, wie wir in Teil IIa, »Ordnung der Transaktion« (Kapitel 4), sehen werden. Sie instruieren über Ungewißheiten und Rollen, bezeichnen alternative Möglichkeiten und qualifizieren das Geschehen in seiner Bedeutung.

Es ist jedoch nur bei den trockensten Zeremonien so, daß die Beteiligten einfach routinemäßig ein Programm abwickeln. Gewöhnlich bestehen in einer Interaktion verschiedene Meinungen, Ziele oder Zwecke nebeneinander, und darüber muß verhandelt werden. Damit werden wir uns in Teil IIb, »ordnungskomplizierendes Verhalten«, beschäftigen (Kapitel 5, 6 und 7).

Manche dieser Komplikationen und Variationen haben keine Folgen für die Kohäsion der Zusammenkunft und den Fortgang der Handlung, andere wieder gefährden den Ablauf. Im letzteren Fall werden Verbotsmaßnahmen und Sanktionen ergriffen, um die gewohnte Ordnung aufrechtzuerhalten. Diese Verhaltensweisen werden in Teil IIc, »Erhalten von Ordnung« beschrieben (Kapitel 8 und 9). Diese Maßnahmen bestehen gewöhnlich zunächst in Haltungs- und Bewegungssignalen, die vor der Regelverletzung warnen und Mißbilligung zum Ausdruck bringen. Wenn dies nicht ausreicht, um die tungs- und Bewegungssignalen, die von der Regelverletzung warnen und Mißbilligung zum Ausdruck bringen. Wenn dies nicht ausreicht, um die Situation im Gleichgewicht zu halten, können Sprechakte hinzukommen, um sie zu korrigieren oder neu zu definieren, und gewichtigere Maßnahmen im Sinne der weiteren sozialen Ordnung können eingeleitet werden.

Bei der Beschreibung dieser Verhaltensweisen hier in Teil II wird deutlich werden, warum wir ihnen eine regulative Funktion zuschreiben. Das Bewegungsverhalten instruiert über gerade stattfindende menschliche Kommunikationsakte, es qualifiziert, modifiziert und lenkt die Kommunikation. Wenn wir von Kommunikation *über* gerade stattfindende Kommunikation sprechen, gebrauchen wir den Terminus »Metakommunikation« (Bateson, 1955). Die Signale, Hinweise und Monitoren, die den Handlungsablauf beeinflussen, bezeichnen wir als »Metaverhalten«. Diese kinesischen Akte sind in ihrer Funktion verschieden von den einfachen Gesten, die einen Begriff illustrieren oder den Redefluß gliedern.

Manchmal jedoch ist dieser Unterschied undeutlich. Werbegebaren zum Beispiel würden wir in einer Handlung, bei der es tatsächlich um Werbung geht, als Kommunikationsverhalten betrachten; wird es dagegen in einem Gespräch einfach dazu benutzt, das Wort erteilt zu bekommen oder die Argumentation eines Sprechers zu beeinflussen, so betrachten wir es als »*meta*-kommunikativ«.

4

Zeichung und Signale zur Ordnung der Transaktion

In einer einfachen sozialen Situation haben die Teilnehmer gemeinsame Vorerfahrungen und ein gemeinsames Repertoire von Handlungsprogrammen. Wenn sie bei einer bestimmten Gelegenheit und an einem bestimmten Ort zusammenkommen, wissen sie schon ziemlich genau, was zu tun ist. Handelt es sich um alte Freunde, Verwandte oder Geschäftspartner, so haben sie wahrscheinlich schon Routineformen für ihre Zusammenkünfte ausgebildet. In vielen Fällen sind die Teilnehmer im vorhinein über den Grund der Zusammenkunft informiert worden, oder, in förmlicheren Situationen, sie haben zu Beginn der Versammlung eine Tagesordnung mitgeteilt bekommen.
Häufiger aber ist es so, daß manche Dinge noch der Definition bedürfen. Zwei Bekannte kommen sich auf der Straße entgegen und sind unsicher, ob sie sich bloß im Vorbeigehen grüßen oder aber stehen bleiben und plaudern sollen. Oder man trifft sich in der Wohnung eines Freundes und hat unterschiedliche Vorstellungen über den Charakter der Zusammenkunft. Manche sehen darin einen Anlaß zu geselligem Beisammensein, andere sind mit einem dringenden Problem in der Nachbarschaft beschäftigt, das sie in aller Ernsthaftigkeit besprochen sehen wollen. Selbst wenn man sich vorab über den Zweck der Zusammenkunft geeinigt hat, kann es immer noch Meinungsverschiedenheiten geben, wer zuerst sprechen und wer die Verhandlungen lenken solle.
In solchen Fällen bedarf die Situation einer näheren Definition (Goffman, 1969). Diese kann mit oder ohne sprachliche Instruktionen oder Verhandlungen erzielt werden. In jedem Fall geschieht der Versuch zur Definition mit Hilfe kinesischer Zeichen und Signale.

a) Ausgangsdefinition der Situation

Eine Situation wird definiert durch Ort, Anlaß und Benehmen der Beteiligten — die Art ihrer Beziehung, Stil und Formen ihres Umgangs. Alle Beteiligten tragen bei zur Verständigung, welches Verhalten erwartet wird und welchem Programm man folgen sollte. *An jedem Punkt, wo eine Entscheidung oder Wahl getroffen wird, wird ein spezifisches Instruktionssignal abgegeben, wie zu verfahren sei.* Diese Signale können auch schriftlich oder sprachlich sein, wir interessieren uns hier jedoch für die kinesischen Signale.

Signale zur Gestaltung einer Begegnung

Kommen wir noch einmal auf den »Augengruß« (S. XX) zurück. Man erinnert sich, daß er von den Beteiligten vollführt wird, wenn sie einander ansichtig werden und *wenn sie einander erkennen.* Er zeigt an, daß die Personen einander tatsächlich kennen. Außerdem *signalisiert er den Partnern,* daß sie aufeinander zugehen und *nicht* den Regeln des Fortblickens und Vorbeigehens folgen sollten.*

Es gibt noch weitere Metakommunikationssignale in Begegnungsritualen:

> Wenn jemand bei einer Begegnung nicht stehenbleiben will, kann er eine Fernbegrüßung vollführen; er bleibt dann nicht stehen, geht nicht auf den anderen zu, blickt weg oder zu Boden.
>
> Wenn jemand auf dem Gelände, wo die Begegnung stattfindet, Territorialansprüche hat, so wird er nicht so leicht den Kopf neigen und die Schultern einziehen wie im Territorium eines Fremden. Eher wird er Kopf und Rumpf aufgerichtet halten (Kendon und Ferber, 1970).
>
> In jeder Phase einer Nahbegrüßung wird die Handlungsweise anzeigen, von welcher Art die Beziehung ist — oder sein soll.

Metasignale der Instruktion über eine Beziehung

Goffman (1969) weist darauf hin, daß Interaktionspartner eine Selbstdarstellung abgeben, die anzeigt, wie sie behandelt zu werden erwarten.

Dieser Mann ließ Kopf und Schultern hängen und sah deprimiert aus, als er zu einer Versammlung ging. Dann jedoch wandte er sich einem Kollegen zu, um ihn zu grüßen, und lächelte. Er zeigte damit an, wie wir auf seine Stimmung reagieren sollten.

* Wenn der Leser an dem zwingenden Charakter dieses Signals Zweifel hat, kann er folgendes Experiment anstellen: Grüßen Sie auf der Straße einen Fremden mit den Augen. Es kann geschehen, daß er auf Sie zukommt und sich so verhält, als kenne er Sie. Wenn er vorbeigeht, können Sie sicher sein, daß er sein Gedächtnis absuchen wird, wo er Sie einordnen kann.

Manchmal definiert die anfängliche Selbstdarstellung eine besondere Art von Beziehung.

Hier ein Bild von einer spielerischen Begegnung. Statt sich zu begrüßen, gehen diese Männer für ein Scheingefecht in Stellung. Sich mit dem Daumen über die Nase zu streifen, ist dabei das wichtigste Metasignal. Auch viele Tiere geben ein Spiel-Signal, um anzukündigen, daß ihre Annäherung nicht aggressiv ist (Bateson, 1955; DeVore, 1965).

Der Körperkontakt bei der Nahbegrüßung geschieht in einer Form, die der zwischen den Partnern bestehenden Beziehung gemäß ist. Zu bemerken ist jedoch, daß die Form des Körperkontakts *auch etwas über die Beziehung, die folgen soll, signalisiert.*

Liebes- und Ehepaare zum Beispiel küssen sich und treten dabei mit dem Unterleib in Berührung. Freunde oder Verwandte dagegen, die keine sexuelle Beziehung unterhalten, halten gewöhnlich den Unterleib bei Begrüßungsküssen auf Distanz.

Und in den meisten amerikanischen Subkulturen küssen männliche Erwachsene einander nicht, sondern wechseln einen Händedruck.

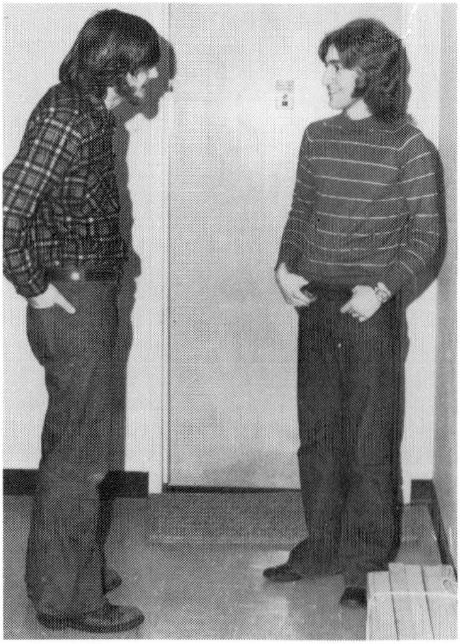

Die beiden jungen Männer haben sich begrüßt, Dominanzgebärden ausgetauscht und dann einen interpersonalen Abstand zwischen sich gewählt. Hier sehen wir sie bei einem gemeinsamen nächsten Schritt; sie lächeln sich zu, bevor sie ein Gespräch anfangen.
Ich vermute, ihr Lächeln gibt Verbundenheit zu verstehen, um den vorangegangenen Dominanzstreit zu beheben und metakommunikativ zu signalisieren, daß das Gespräch freundlich sein soll — ähnlich wie wenn Leute *sagen, »in Wirklichkeit* sind wir doch gut freund«, nachdem sie sich zuvor leicht Kontra gegeben haben.

Diese Frau streicht sich das Haar zurecht, macht unruhige Bewegungen, läßt die Augenlider sinken und definiert eine Werbebeziehung.

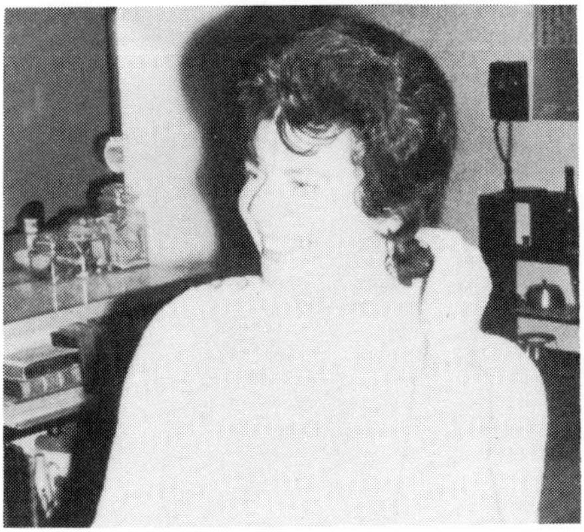

Wenn ein Mann auftritt, wird von ihm vielleicht die Übernahme bestimmter männlicher Rollen in der Interaktion erwartet. Er kann aber den anderen durch »schwules« Verhalten signalisieren, daß sie diese Erwartungen ändern müssen. Er wiegt dann vielleicht den Unterkörper, schlägt die Augenlider auf und zu und präsentiert die Hand so wie hier abgebildet.

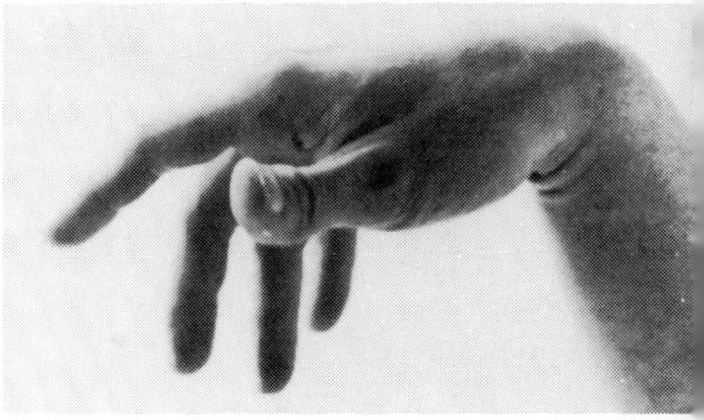

Zeichen zur Lokalisierung

Wenn jemand einen strukturierten Ort betritt, lokalisiert er sich im Raum. Bei sehr konventionellen Anlässen ist diese Lokalisierung im vorhinein festgelegt, bei weniger strukturierten Zusammenkünften können dazu Hinweise durch Metasignale erfolgen. Ein gebräuchliches Lenksignal besteht darin, der zu lenkenden Person die offene Handfläche hinzuhalten und dann mit der Hand und mit den Augen auf einen bestimmten Platz zu weisen. Diese kinesische Lenkung haben wir oft auch dann beobachtet, wenn der Lenkende gleichzeitig sagt »Setzen Sie sich hin, wo Sie wollen«.

Dies ist ein eher ungewöhnliches Beispiel dafür, wie jemand ein Sitz zugewiesen wird. Während er das Gespräch mit einem Dritten fortführt, versucht der Mann links im Bild den rechts zur Aufgabe seines bisherigen Platzes gegen einen anderen auf der gegenüberliegenden Seite des Tisches zu bewegen. Seine linke Hand liegt auf dem Rücken des jungen Mannes und drängt ihn zu dem bezeichneten Platz hin. Das Manöver war erfolgreich, denn als der Gastgeber einen Schritt zurücktrat, ging der junge Mann vorbei.

Hier wird die Sitzordnung von einer Blockierung beherrscht. Als der Mann links in die Gruppe hineingehen wollte, um den freien Platz neben dem bärtigen Mann einzunehmen, lehnte die Frau in der Mitte sich vor und versperrte ihm den Zutritt. Dies geschah — unabsichtlich — zweimal, so daß der Mann schließlich auf dem Stuhl hinter ihm Platz nahm.

b) Regelung des Sprech- und Zuhörarrangements

Zuhörer nehmen teil an der Regelung, wer das Wort erhält. Sie können sich demjenigen zuwenden, der gern als nächster reden möchte, oder aber auch demjenigen, dessen Ansichten sie hören wollen. Indem sie ihre Aufmerksamkeit auf diesen letzteren konzentrieren, können sie ihm eine Stellungnahme entlocken.

In diesem Fall ist deutlich, daß sich die Zuhörer einig sind, wer sprechen soll.

Wenn die Teilnehmer wissen, welches das Programm ist, können sie ihre Zuwendung und Haltungsorientierung unisono von einem Brennpunkt zum nächsten verschieben und so die Phase der programmgemäßen Aktivitäten markieren. Es sind diese Kenntnis des Programms und diese sichtbaren Brennpunktwechsel, die jede verbale Ankündigung des nächsten Schritts unnötig machen.

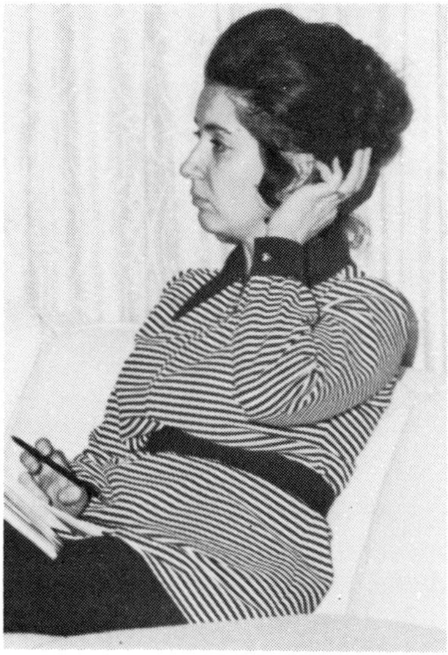

Wenn andere den Sprecher zu unterbrechen versuchen, kann der solidarische Zuhörer seine Zuhörsignale stärker markieren. Er kann zum Beispiel die Handmuschel ans Ohr legen, wie um den Sprecher zu ermutigen, daß er die Stimme hebt und weiterredet (so hier im Bild). Außerdem kann der solidarische Zuhörer denen, die zu unterbrechen versuchen, die Zuwendung verweigern.

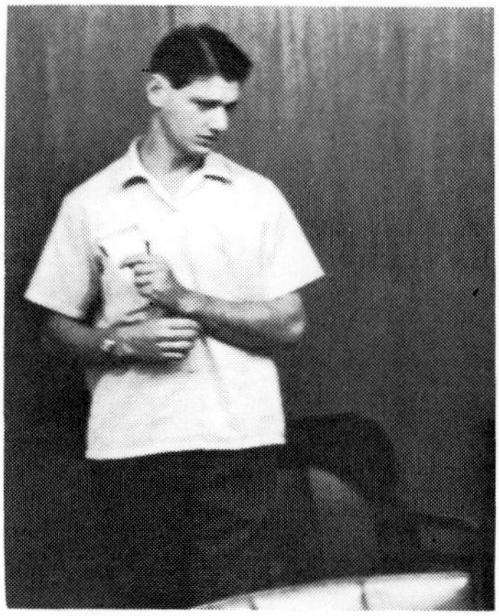

Der gute Zuhörer nickt ab und zu, um Verständnis zu bekunden. Er kann auch kurze Bemerkungen abgeben oder parasprachliche Äußerungen wie »hm-hm«. Oder er kann, wie der Zuhörer hier im Bild, die Stirn kraus ziehen, als Zeichen, daß er nicht versteht. Andere Bekundungen von Nichtverstehen sind Achselzucken, Vorrecken des Kopfes, Hängenlassen des Kinns und verbale Äußerungen.

Aufgabe des Zuhörers ist es, die Darbietung des Sprechers zu kontrollieren und ihm Zeichen hinsichtlich Tempo, Klarheit und Erfolg der Darbietung zu geben.

Bewegungssynchronizität wird offenbar erleichtert durch sichtbaren, metronomartigen Gebrauch eines Körperteils. Im hier gezeigten Falle schlug die Zuhörerin den Takt mit dem Fuß. Es spielt dabei keine Rolle, daß der Mann den Fuß der Frau nicht sehen kann. Der Körper des anderen nimmt den Rhythmus automatisch auf, wenn die Partner in Einklangbeziehung sind.

Im Verlauf eines Gesprächs sendet der Zuhörer beständig Feedback-Signale, wie klar der Sprecher ist, in welchem Maße der Zuhörer interessiert ist, zustimmt, sich wohl fühlt.

Die Geste dieser Frau bedeutet ein Modulieren des Geräuschpegels und der Aggressivität.

Und das Verhalten dieser Dame könnte einem aufmerksamen Sprecher bedeuten, er solle das Thema wechseln.

c) Qualifikation der Beziehung

Affektgebaren als Metaverhalten

Jeder Affekt kann metakommunikativ gebraucht werden. Jemand kann ein Gefühl zeigen, um andere dazu zu bewegen, daß sie dasselbe fühlen, zumindest aber, um sie darüber zu unterrichten, was seinem Wunsch nach geschehen sollte.

Diese Frau erzählt von einem unangenehmen Erlebnis. Ihr Gesichtsgebaren kann ihre Fähigkeit, andere in das Erlebnis mit einzubeziehen, noch verstärken.

Diese Frau zeigt einen Affekt, den wir als Freude, Erregung oder etwas ähnliches bezeichnen könnten. Ohne den Kontext zu kennen, können wir indes nicht sagen, ob sie aktiv einen solchen Affekt erlebt oder ob sie sich einfach so gibt, wie es etwa von einer lebhaften jungen Frau auf einer Party erwartet wird.

Manche Menschen gebrauchen Metaverhalten habituell; sie machen zum Beispiel immer ein düsteres Gesicht oder sie witzeln und spötteln andauernd. Will man die Persönlichkeit dieser »Metapersonen« beurteilen, so muß man diesen Faktor in Rechnung stellen.

Zeichen von Anteilnahme

Auch wenn Struktur und Qualität einer Transaktion geklärt sind, treten noch Metasignale auf, die den Grad des Beteiligtseins regulieren und abstimmen.

Um Einklang zu erzielen, können zum Beispiel Menschen jeden Alters und Geschlechts sich leichter und verdeckter Andeutungen von Werbegebaren bedienen.

Der Augengruß beim Erkennen wird auch als eine Art »Blitzlicht« gebraucht, um zu einer Beziehung aufzufordern oder um Gemeinsamkeit einer Erfahrung anzudeuten. Es dient auch als Signal, daß der Zuhörer einen Witz verstanden hat. Sogenannte Spätzünder sind ein Beispiel für diesen Gebrauch.

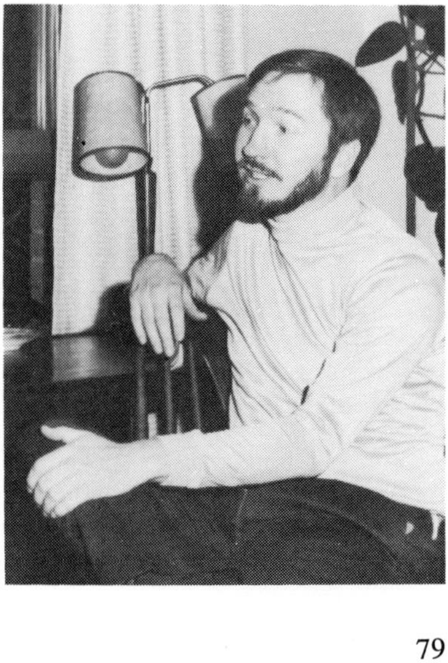

Dieser Mann sagt: »Sie wissen, wie die Anthropologen sind« und signalisiert die Gemeinsamkeit eines Wissens.

Signale des Spielens, Frozzelns, Nichtwörtlichmeinens

In Amerika wird eine Vielzahl von Metasignalen gebraucht, um zu zeigen, daß eine Äußerung nicht wörtlich zu nehmen ist.

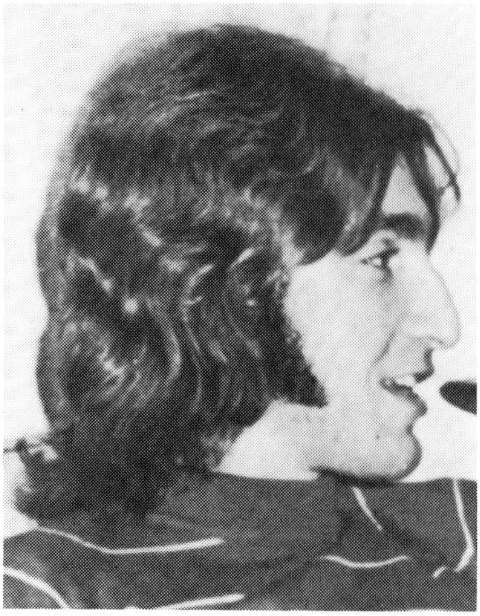

Das Lächeln klassifiziert eine Beleidigung als scherzhaft. Es kann aber auch zur Täuschung dienen, um den Sprecher aggressiven Vergeltungsmaßnahmen zu entziehen.

Lachen tritt ein, wenn ein Bezugssystem plötzlich gewechselt wird. Man kann daher auch absichtlich lachen, um die Zuhörer darauf vorzubereiten, daß eine Geschichte als Witz aufzufassen ist.

Das bekannteste Signal, um anzuzeigen, daß der Zuhörer mit einer Geschichte genarrt oder veralbert werden soll, war früher das Augenzwinkern (wie hier im Bild). Heute besteht dieses Metasignal in Amerika eher in der Spur eines Lächelns, eventuell mit denselben Fältchen um die Augen wie beim Zwinkern.

Phantasie- und Nachahmungssignale

Manchmal formen Menschen mit den Händen eine Art Schüssel, wenn sie jemandem von einem Traum oder einer Phantasie erzählen (Scheflen, 1965b).

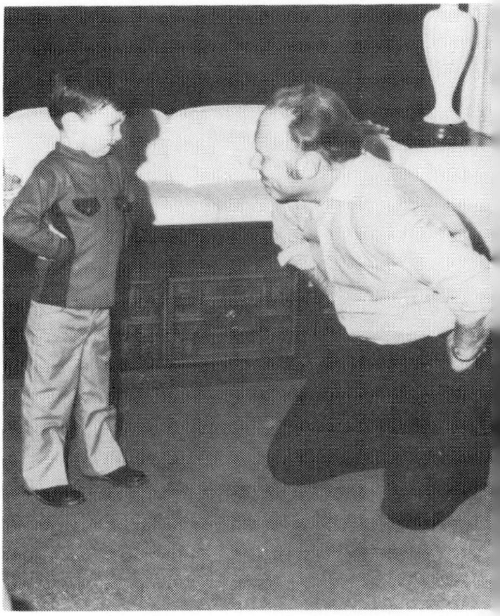

Geläufige Reziproken oder andere Verhaltensweisen können burlesk, karikaturistisch, imitierend oder zum Schein dargestellt werden, indem man sie übertreibend und stilisierend aufführt. Hier mimen Vater und Sohn männliches Dominanz- und Konfrontationsverhalten.

Bei irgendwie mehrdeutigen Äußerungen suchen wir im Gesicht oder Körperverhalten des Sprechers nach metakommunikativen Hinweisen auf ihre versteckte Bedeutung. Manchmal macht der Sprecher aber dabei ein nichtssagendes Gesicht, entweder um absichtlich die Unklarheit aufrechtzuerhalten oder um uns zu verstehen zu geben, daß wir Aufklärung nur aus dem weiteren Kontext oder von jemand anders erhalten können (Birdwhistell, 1963).

Ernsthaftigkeits- und Wörtlichkeitssignale

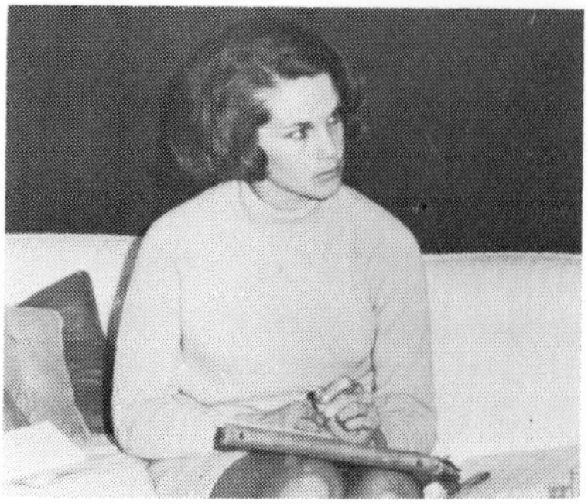

Diese Frau signalisiert Aufmerksamkeit und Ernsthaftigkeit, indem sie sehr still hält, den Kopf schräglegt und angespannt zum Sprecher hinsieht. Männer signalisieren oft Nachdenklichkeit, indem sie sich das Kinn reiben oder den Kopf kratzen.

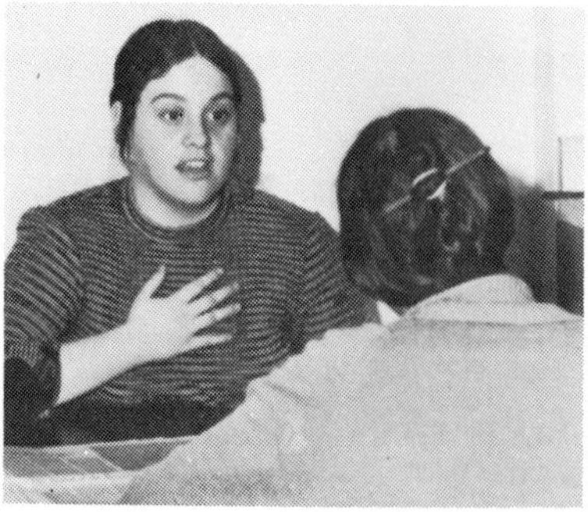

Die Hand aufs Herz legt man oft, um Aufrichtigkeit, Glaubwürdigkeit oder Ehrlichkeit zu beteuern.

Zusammenfassung

Nahezu jede Klasse von Verhaltensweisen kann als Metasignal gebraucht werden, um das System der gerade ablaufenden Geschehnisse zu qualifizieren oder Informationen darüber zu geben.

Ein Metasignal — oder auch eine ganze Salve solcher Signale — erfolgt bei jedem Schritt menschlicher Interaktion, vom ersten Moment an, wo man einander ansichtig wird, bis hin zum Ende eines langen Gesprächs; es zeigt Alternativen im Fortgang der Handlung an.

5

Kinesisches Verhalten, das nicht zur Situation gehört

Das Handlungsprogramm legt fest, daß bestimmte Handlungen zulässig, andere dagegen klar unzulässig sind. Andere wieder sind nach manchen Situationsdefinitionen zulässig, nach anderen unzulässig.

a) Kontextverhalten

Für Transaktionen vom Typ eines Gesprächs erkennt das Handlungsprogramm bestimmte Sprech- und Bewegungsakte als offiziell an. Es läßt auch bestimmte Handlungen zu, die für das Wohlbefinden der Teilnehmer, für die Aufrechterhaltung der Sozialbindungen und der Situation notwendig sind. Ohne diese Pflege- und Dienstleistungen könnte die Handlung faktisch nicht fortschreiten. Dies ist »Kontextverhalten«, in dem Sinne, daß es dem formalen Kontext angemessen ist und gewöhnlich auch die Rechtmäßigkeit der Handlung sichert.

b) Transkontextuelle Akte

Andere Handlungen jedoch erscheinen als dem Kontext unangemessen und wirken sich daher störend auf den geordneten Ablauf der Interaktion aus, so zum Beispiel, wenn ein Teilnehmer Bemerkungen macht, die sich an keinen der Anwesenden richten.

Manche Bemerkungen werden zum Fußboden hin fallengelassen, besonders Anspielungen, Eingeständnisse und Aussagen über den Sprecher selbst gehen oft in diese Richtung. Hier blickt jemand weg und zu Boden, während er über ein persönliches Problem spricht.

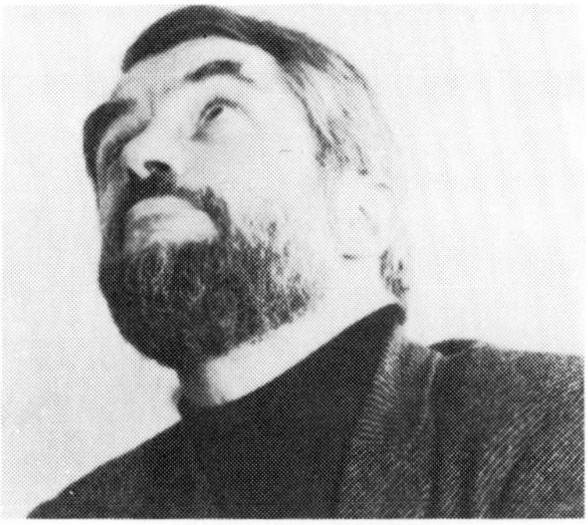

Manche Aussagen werden herausgeschleudert, gewissermaßen für die Welt überhaupt. Sie sind über die Köpfe der Anwesenden hinweg gezielt. Und manche wieder sind an den Himmel gerichtet, an leere Räume oder freie Stühle, als gälten sie einem Abwesenden oder Verstorbenen.

Es kann auch sein, daß ein Teilnehmer überhaupt niemanden anspricht und vielmehr Beziehungslosigkeit zu allem, was vorgeht, erkennen läßt.

Zuhörer blicken oft zu Boden oder zur Seite und lassen für einen Moment die Augen aus dem Brennpunkt wegschweifen. Sie scheinen so außer Reichweite des Geschehens zu sein.

Über kurze Zeiträume ist solches Verhalten bei Zuhörern üblich und bedeutet gemeinhin keine Störung. Ein Teilnehmer kann aber auch über lange Zeit hinweg geistesabwesend sein, Bemerkungen oder Vorfälle, die für die anderen wichtig sind, nicht wahrnehmen und seinerseits keinen Beitrag leisten. Diese Art Absenz kann dazu dienen, Geringschätzung oder Verachtung für die Vorgänge zu bekunden oder gegen sie zu protestieren.

Ein Teilnehmer, der geistesabwesend erscheint, kann Gesichtsausdrücke oder Gesten zeigen, die dem gegenwärtigen Kontext unangemessen sind. Vermutlich hängen diese Bewegungen mit dem zusammen, woran er denkt. Hier wendet sich eine Sekretärin für einen Moment von einem Gespräch ab und grinst bei einem privaten Gedanken.

Für solche Fälle nehmen wir an, daß der betreffende Teilnehmer gemäß einer Vorstellung in seinem Geiste handelt, in einem anderen als dem gegenwärtigen Kontext. Bateson (1969) spricht daher von einer transkontextuellen Handlung, einer Handlung, die aus einem anderen Kontext heraus übertragen wird.
Eine transkontextuelle Handlung kann auffällig und beständig sein. Jemand sagt vielleicht immer wieder das Falsche, übernimmt dauernd die Rolle des andern Geschlechts, unternimmt sexuelle Annäherungen oder betrinkt sich bei einer feierlichen Zusammenkunft. Dies wäre abweichendes Verhalten. Wir interessieren uns hier jedoch hauptsächlich für die gewöhnlicheren kinesischen transkontextuellen Akte, die ganz unauffällig sein können. Sie werden nicht bemerkt, wenn man nicht bewußt auf sie achtet.

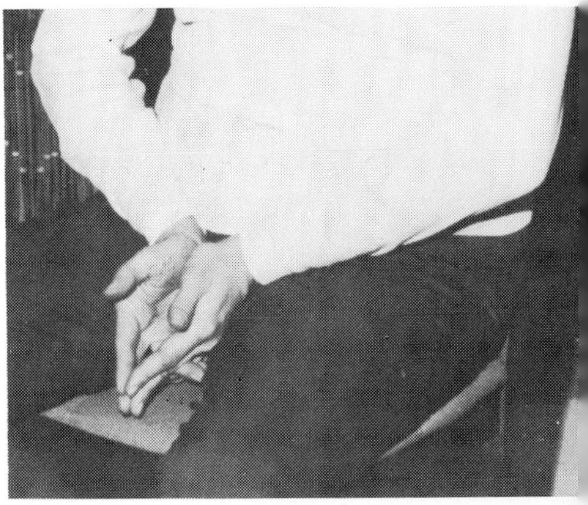

Dieser Mann hielt ständig die Hände über der Genitalzone, in einer vaginaähnlichen Konfiguration. Während er sprach und zuhörte, machte er die Öffnung immer wieder auf und zu.

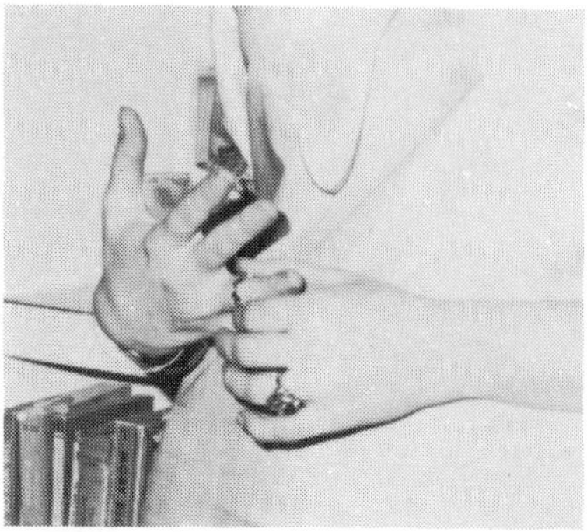

Diese Dame nahm ständig ihren Ehering ab und setzte ihn wieder auf.

Freud (1901) bezeichnete dies als »Symptomhandlungen«. Er betonte jedoch, daß sie bei allen Menschen vorkommen und nicht zu psychiatrischen Diagnosen Grund geben. Wir stimmen darin mit ihm überein; alle Menschen handeln transkontextuell. Aus solchen Handlungen leiten wir Folgerungen über unbewußte Motive und Gefühle her.
Manchmal vollführen Menschen Gesten oder machen Gesichter, die anscheinend mit dem, was sie sagen, nicht zusammenpassen. Die Frau in dem folgenden Bild stellt das Verhalten einer anderen Frau dar, das wir auf einem Film haben, aus Gründen der Vertraulichkeit hier aber nicht abbilden können. Sie sprach über einen Mann, der für seine sexuelle Tüchtigkeit bekannt ist. Immer wieder sagte sie, diesen Mann könne sie nicht leiden, aber während sie über ihn sprach, glänzten ihre Augen, sie zeigte die Körperspannung der Werbung und präsentierte die Handflächen. Dann, an einem Punkt, machte sie eine interessante Geste.

Sie erwähnte seinen Namen und machte dabei die hier dargestellte Geste, die gewöhnlich dazu dient, eine Größe zu demonstrieren. Man beachte die weitaufgerissenen Augen, wie sie gewöhnlich bei Furcht oder Überraschung vorkommen.

Hier gebraucht jemand eine sehr geläufige transkontextuelle Geste. Er sagt, »ich verstehe, was Sie meinen«, aber er bedeckt ein Auge und reibt es. Die Augen werden oft bedeckt, wenn jemand etwas, das ihm auseinandergesetzt wird, nicht annehmen will

Manche Haltungen und Bewegungen, die der Situation offenbar unangemessen sind, scheinen Versuche zu sein, andere transkontextuelle Handlungen zu verbergen. Die Psychodynamiker bezeichnen dies als »Abwehrmechanismen« (A. Freud, 1946; Fenichel, 1945).

Diese Frau legte plötzlich die Hand auf den Mund. Sie unterdrückte etwas, das sie gerade zu sagen angefangen hatte.

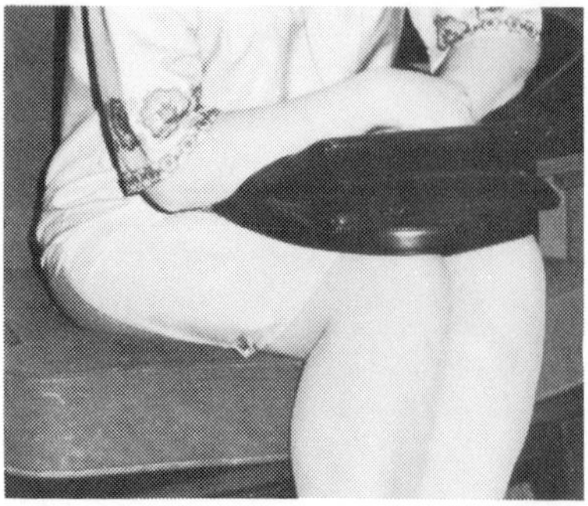

Diese Frau hatte den Unterleib rhythmisch hin- und herbewegt. In einem bestimmten Moment zog sie die Beine und Schenkel dicht zusammen und bedeckte ihren Schoß mit einer Büchertasche.

Die beschriebenen transkontextuellen Handlungen sind kinesische Handlungen, man kann aber natürlich auch transkontextuell *sprechen*. Der Fauxpas ist ein Beispiel. Das gesamte Verhalten in einer Situation kann transkontextuell sein: Jemand, der bei einer Party den ganzen Abend lang von seinen Heldentaten im Krieg erzählt, ein Paar, das bei einer geschäftlichen Besprechung miteinander flirtet, oder zwei, die in einer Seminardiskussion persönliche Streitigkeiten austragen.

c) Kontextuelle/transkontextuelle Akte

Ein transkontextueller Akt zeigt an, daß jemand mit einer persönlichen Angelegenheit beschäftigt ist. *Es ist aber gewöhnlich falsch anzunehmen, daß der transkontextuelle Akt mit der unmittelbar gegenwärtigen Transaktion nichts zu tun habe.* Oft ist das scheinbar Unangemessene die Reaktion auf ein verdecktes kinesisches Geschehnis, das dem Beobachter entgangen ist. Kurz, eine Handlung ist unangemessen vielleicht nur in bezug auf die manifeste oder offizielle Definition der Situation.

Ausschließung

Mitglieder trennen sich oft von einer Gruppe, wenn sie von der Beteiligung ausgeschlossen werden. Wie auch anderes kinesisches Verhalten kann das Ausschließungsverhalten völlig unbewußt sein.

Die Mitglieder sitzen dicht beieinander und halten den Kontakt aufrecht, um Bündnistreue zu bekunden. Sie können sich auch aus der Gruppe weglehnen, wie hier im Bild die Frau mit der weißen Bluse.

Wenn sie jedoch bestimmten Mitgliedern den Rücken kehren oder Arme und Hände vor ihre Gesichter bringen, können sie Barrieren aufbauen, die die Gruppe vielleicht in Fraktionen aufspalten.

Eine Person kann in eine unbequeme Sitzposition gebracht werden. Die Frau links und die zweite von rechts haben sich vorgelehnt, so daß die Frau in der Mitte völlig blockiert wird. Wenn dies nur für einen Moment geschieht, stört es nicht, bei längerer Beibehaltung dieser Sitzpositionen aber wird die Frau in der Mitte stark behindert.

Die Frau links lehnt sich immer noch vor und hindert die in der Mitte am Kontakt mit der Person links neben der Frau mit der weißen Bluse (außerhalb des Bildes). Hoffnungslos eingeklemmt beginnt die Frau in der Mitte nun Zeichen von Langeweile und Desinteresse zu zeigen.

Wenn jemand nie Gelegenheit bekommt zu sprechen oder immer wieder unterbrochen wird, wie es Personen, die zögernd sprechen, manchmal ergeht, bricht er womöglich den Kontakt ab oder zieht sich zurück. Dasselbe kann geschehen, wenn das Gespräch sich endlos hinzieht, besonders wenn keine Erholungspausen eingelegt werden. Diejenigen mit hohem Status in der Gruppe vergessen leicht, wenn sie sich ins Gespräch sehr vertiefen, daß sie die anderen, die keinen sinnvollen Beitrag leisten können, ausschließen oder einer Geduldsprobe unterwerfen.

Reaktionen auf verdeckte Handlungen

Viele transkontextuelle Handlungen sind nur das sichtbare Element eines verdeckten Reziprokenaustauschs.

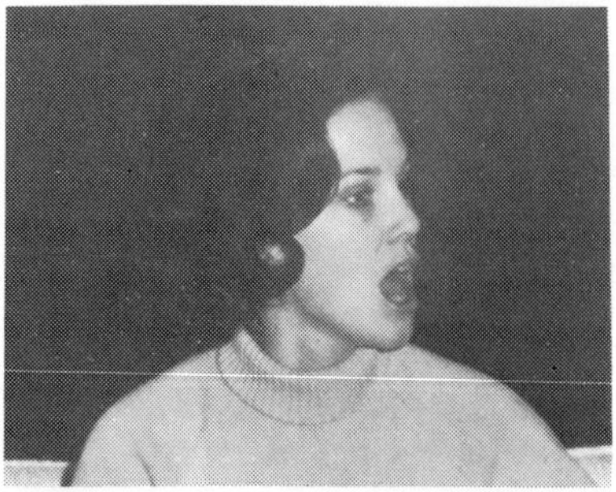

Während des Gesprächs in dieser Bildserie zeigte eine der Frauen plötzlich Ärger. Dies schien transkontextuell zu sein, denn einen sichtbaren oder manifesten Grund gab es nicht.

Fotos aus früheren Stadien der Interaktion zeigen jedoch, daß die beiden Frauen eine Zeitlang Dominanzreziproken ausgetauscht hatten. Die Frau in dem Bild oben vollführt nur den ersten offen sichtbaren Akt in einer bisher verdeckt eskalierenden Sequenz.

Bei sorgfältiger Beobachtung einer Interaktion, der kinesischen Elemente ebenso wie des Gesprochenen, stellt man oft fest, daß die kinesische Interaktion nach und nach unauffällig eskaliert, solange bis die Handlungen eines der Beteiligten die Wahrnehmungsschwelle überschreiten und den anderen deutlich werden. Die anderen schließen dann auch sofort, daß der eine, nun auffällig gewordene Partner die ganze Sache angefangen habe. Diese Art der Schuldzuschreibung entspricht der abendländischen Vorstellung, daß gesellschaftliche Prozesse entweder durch Helden oder durch Schufte ausgelöst werden. Nach dieser Tradition können Ehe- oder Geschäftspartner sich endlos moralisierend die Schuld für den Anfang einer Schwierigkeit zuschieben, und Eltern versuchen allen Ernstes herauszufinden, welches der Kinder einen Streit angefangen hat. Die Politik der Schuldzuschreibung werden wir in einem der späteren Kapitel noch eingehender erörtern.

Die in Kapitel 1 beschriebenen Reziproken pflanzen sich im Verlauf eines Gesprächs meist kontinuierlich fort. Sie haben nicht unbedingt eine eindeutige Beziehung zum Gesprächsinhalt, festigen jedoch die Bindung in der Gruppe.

Während des Gesprächs tauschen die Partner Blicke und Als-ob-Werbung aus, manchmal auch Liebes- und Pflegedienste, ohne daß dies im Programm ausdrücklich vorgesehen wäre.

Obwohl über Politik gesprochen wird, flirtet diese junge Dame mit dem Freund ihres Bruders.

Sogar während einer offenbar freundschaftlichen Unterhaltung können die Partner Dominanz- und Unterwerfungsreziproken austauschen. Der Autor zeigt hier Dominanz, indem er hoch aufgerichtet dasitzt, geradeaus starrt und sich mit der Rechten in die linke Handfläche schlägt.

Übertragung

Manchmal läßt sich eine im gegenwärtigen Kontext unangemessene Handlung auf das Verhalten des Teilnehmers gegenüber Eltern oder anderen Personen aus seiner frühen Kindheit zurückführen. In solchen Fällen sprechen die psychodynamischen Theoretiker von einer Übertragung des transkontextuellen Verhaltens aus der früheren Beziehung auf spätere Beziehungen, die ihr in irgend einer Hinsicht ähnlich sind.

Die junge Dame hier im Bild geht auf eine für sie bezeichnende Weise mit männlichen Autoritäts- oder Statuspersonen um, fürsorglich und zugleich werbend und vertraulich.

Psychiater würden sagen, sie habe eine »Vater-Übertragung«, d. h. sie verhalte sich deshalb so gegen Männer, weil sie sich auch gegen ihren Vater so verhalten habe. Die junge Frau wird aber von allen Männern im Büro gern aufgesucht, alle erbitten Dienste von ihr, treten dicht an sie heran, berühren sie und flirten mit ihr, wann immer sie mit ihr reden. Es kann sein, daß sie sich so auch gegen ihren Vater verhalten hat, aber ihr Verhalten ist auch im Kontext relevant für das Verhalten der Männer im Büro.

Divergierende Situationsdefinitionen

Wenn zwei Personen oder Parteien eine Situation unterschiedlich definieren, so werden sie auch nicht darin übereinstimmen, welches Verhalten der Situation angemessen sei. *Was dem einen transkontextuell erscheint, erscheint dann dem andern kontextadäquat.*

6

Unterschiede der Bewegungsformen und Bewegungsstile

Sind alle Menschen in einer Gruppe von gleicher ethnischer Abkunft, so werden sie im wesentlichen dieselben Formen der Sprache, der Haltungen und der Bewegungen gebrauchen und diese Formen in derselben Weise verstehen und auf sie reagieren, trotz mancher Unterschiede, die durch ihre gesellschaftliche Klassenzugehörigkeit, Erfahrungen in Institutionen, regionale Herkunft, Familie und persönliche Erfahrungen bedingt sind.

Für die Erforschung menschlicher Kommunikation ist es wichtig zu erkennen, wie unauslöschlich die ethnische Herkunft das Bewegungsverhalten prägt. Ein erfahrener Beobachter kann aus Form und Stil der Körperbewegungen und des Raumverhaltens die Herkunft eines Interaktionsteilnehmers erkennen. Auch der ungeschulte Beobachter kann Merkmale anderer Völker, Klassen oder Regionen ausmachen und reagiert daher womöglich mehr auf die Fremdheit des Stils als auf das, was gesagt oder getan wird.

In Amerika, wo bis zu einem gewissen Grad eine »Schmelztiegel«-Akkulturation stattgefunden hat, dennoch aber ein beträchtliches Maß an früheren ethnischen Formen beibehalten worden ist, ist die Situation ziemlich kompliziert, und wir können daher nicht alle kinesischen Variationen detailliert und systematisch behandeln. Wir können hier nur kurz auf einige davon eingehen, die im amerikanischen Leben oft auftreten. Es braucht kaum gesagt zu werden, daß sich in einer Gruppe mit vielen solchen Variationen weitaus schwerer Kohäsion und Interaktionsfluß aufrechterhalten lassen.

Auf der Welt gibt es Tausende von Sprachgemeinschaften und Kulturen, und jede davon hat ihre eigenen Sprach- und Bewegungsmerkmale, Gebräuche, Formen und Handlungsweisen, Sinn- und Wertsysteme.* Mehrere Dutzend dieser Kulturen sind im amerikanischen Leben einflußreich.

---

* Pike (1954, 1957) bezeichnet diese traditionellen Verhaltenssysteme als »emische Systeme«, abgeleitet von »phonemisch«, d. h. den Sprachlauten in einer *besonderen* Sprache.

a) Ethnische Traditionen in Amerika

Die britisch-amerikanische Hauptlinie

Die ersten Siedlungen in den Vereinigten Staaten waren überwiegend britisch. In den öffentlichen und formalen Institutionen bediente man sich daher eines auf dem Englischen basierenden ethnischen Systems. Dieses System war zugleich auch die vorherrschende und am weitesten anerkannte Form im gesellschaftlichen Leben und wurde daher von den Einwanderern aus anderen Völkern, während sie sich akkulturierten und in die amerikanische Mittelschicht Eingang fanden, mehr oder weniger kopiert. *Wir können daher vereinfachend von einer britisch-amerikanischen Hauptlinie im System des Kommunikationsverhaltens und der Kommunikationsbedeutungen sprechen.*

Angehörige der britisch-amerikanischen Tradition halten gewöhnlich den Unterarm in einer festen Position und bewegen eine Hand oder beide Hände aus dem Handgelenk in einem kleinen Kreis von etwa 15 cm Durchmesser. Sie halten weiten räumlichen Abstand voneinander und berühren sich wenig. Die beiden Männer in diesem Bild sind enge Freunde und können daher ein wenig gegen die Regeln verstoßen.

Weiße Angloamerikaner aus der Mittelschicht gestikulieren nicht so ausladend wie Italoamerikaner und nicht so häufig wie jüdische Amerikaner osteuropäischer Herkunft; ihre Kinder werden oft angewiesen, nicht zu gestikulieren, weil das »ausländisch« aussehe oder »unhöflich« sei. In der Öffentlichkeit halten die weißen Angloamerikaner wenig Berührungskontakt.

Ethnische Varianten in der Hauptlinien-Tradition

Die verschiedenen Nationalitäten haben bei der Einwanderung die amerikanisch-englischen Sprach- und Gestikulationsformen mehr oder weniger gelernt. Oft bleiben aber auch ihre ursprünglichen Formen erhalten.

Dieser Mann spricht den für osteuropäisch-jüdische Amerikaner charakteristischen Dialekt. Auch seine Gesten haben einen charakteristischen Stil: Er hält die Ellbogen eng am Leib, so daß Bewegungen aus dem Drehpunkt der Ellbogen heraus erfolgen. Diese Gesten sind mit gelegentlichen Berührungen des Gegenübers interpunktiert, etwa indem er ihn mit dem Finger antippt (Efron, 1941).

Die Angehörigen der europäischen und asiatischen Nationalitäten haben nach der Einwanderung schnell den amerikanischen Kleidungsstil, das Vokabular und auch manche Gebräuche übernommen, zumindest in der Öffentlichkeit. Die Akkulturation des interpersonalen Raumverhaltens, des Gestikulierens und der Artikulations- und Stimmqualitäten der Sprache vollzieht sich sehr viel langsamer — vermutlich, weil dieses Verhalten unbewußt ist und nicht förmlich gelehrt wird. Die Folge ist, daß die ursprünglichen Gestikulations- und Raumverhaltensmuster etwa bis in die dritte Generation erhalten bleiben. *Die ethnische Abkunft der meisten Einwanderenkel kann daher immer noch aus ihren Gesten und ihrem Raumverhalten erraten werden.*

Der Mann hinter der Schirmstange spricht den typisch italoamerikanischen Dialekt. Auch seine aus der Schulter heraus kommende Geste kennen wir als italienisch (Efron, 1941). Die anderen scheinen »italienisch« zuzuhören.

Schwarze Amerikaner von der Ostküste gestikulieren ähnlich wie Britisch-Amerikaner, wenn auch die Gesten räumlich weiter ausladen. Heranwachsende Schwarze aus der Arbeiterklasse gestikulieren erheblich mehr und bewegen viel die Schultern. Im allgemeinen gestikulieren Schwarze viel mit dem Zeigefinger und zeigen häufiger als weiße Britisch-Amerikaner die Handfläche.

In der Tradition der schwarzen Amerikaner ist die Situation etwas anders als in den meisten weißen europäischen Traditionen. Den Schwarzen ist es nicht in größerer Zahl gelungen, in der Mittelschicht Aufnahme zu finden, obwohl sie schon seit Jahrhunderten in Amerika leben. Die Schwarzen, die in die Mittelschicht aufgestiegen sind, haben sich ebenfalls am Vorbild der weißen Angloamerikaner orientiert, in der schwarzen Arbeiterklasse jedoch hat sich ein besonderes emisches System entwickelt.
Das Englisch der schwarzen Amerikaner in der Arbeiterklasse enthält Elemente afrikanischer Grammatik, des Kreolischen und des normalenglischen Vokabulars; es ist jedoch eine besondere »Muttersprache«.

b) Varianten innerhalb einer ethnischen Tradition

Auch in einer homogenen ethnischen Tradition gibt es unterschiedliches Kommunikationsverhalten. Kommunikationsverhalten wird von den einzelnen in ihrem je besonderen »Stil« vollführt.

Geschlecht und Alter

In allen Kulturen unterscheiden sich Frauen und Männer, Kleinkinder, Heranwachsende, Erwachsene, alte Leute und Personen in den diversen offiziellen Rollen durch charakteristische Sonderformen des Sprechens, der Haltungen und Bewegungen.

Eine Frau wird wahrscheinlich nicht so dasitzen wie dieser junge Mann, außer vielleicht, wenn sie Hosen anhat.

Revolutionäre Entwicklungen

In Amerika ist gegenwärtig eine Kulturrevolution im Gange. In der Bevölkerung finden sich verschiedene Stadien der alten Kultur nebeneinander vertreten, und in der jüngeren Generation haben sich verschiedene Stadien einer neuen Variante entwickelt.

Im Vergleich zur letzten Generation der amerikanischen Mittelschichtenangehörigen tragen die Männer und Frauen der neuen Kultur sehr stark abweichende Haartrachten, kleiden sich anders und haben entschieden andere Einstellungen. Es scheint, daß sie auch näher beieinander stehen, sich häufiger berühren, weniger flirten, weniger Dominanz und weniger metaphorische Kinesik zeigen (vgl. Kapitel 7).

Parallel dazu, aber wiederum von anderem Charakter, vollzieht sich eine Revolution in der schwarzamerikanischen Kultur. Viele Schwarze haben sich ausdrücklich gegen die Nachahmung der weißen Amerikaner verwahrt und gleichzeitig auch das unterwürfig geduckte alte »Farbigen«-Verhalten abgelehnt. Sie haben Nahrungsmittel, Religionen, Kleidung und Musik der Schwarzen aus Afrika, den Karibischen Inseln und den alten amerikanischen Südstaaten übernommen. Die schwarzen Militanten bilden eine eng verknüpfte Subkultur, die eine zunehmend aktivere politische Rolle spielt. Diese Tendenzen haben die weißen Subkulturen der Hippies und der Neuen Linken beeinflußt.

Persönlichkeit

Der unklar umschriebene Parameter der sogenannten »Persönlichkeit« umfaßt mehrere voneinander wechselseitig abhängige Faktoren:

a) Es bestehen Traditionsunterschiede innerhalb kulturell homogener Gruppen: Z. B. kontrastiert die Strenge von Angloamerikanern der protestantischen oder kalvinistischen Tradition deutlich mit dem eher lächelnden, chevaleresken Gebaren in der monarchistischen Subtradition.

b) Persönlichkeitsunterschiede können auf phylogenetische oder konstitutionelle Züge zurückgeführt werden und auf frühe Sozialisationserfahrungen in der Familie. Manche Menschen sind daher schüchtern und unterwürfig, während andere Dominanz zeigen und sprachlich wie kinesisch »lautstark« sind.

c) Menschen mit bestimmten Persönlichkeitszügen werden für institutionelle Rollen selektiert, in denen diese Züge gepflegt und verstärkt werden.

Klasse, Religion, Beruf

Die Mitglieder mancher religiöser Orden und Bruderschaften tragen Uniformen, während sich Berufe oft an informellen Unterschieden des Kleidungsstils und Schmucks erkennen lassen. Es gibt ferner institutionelle Gestikulations- und Sprechstile.

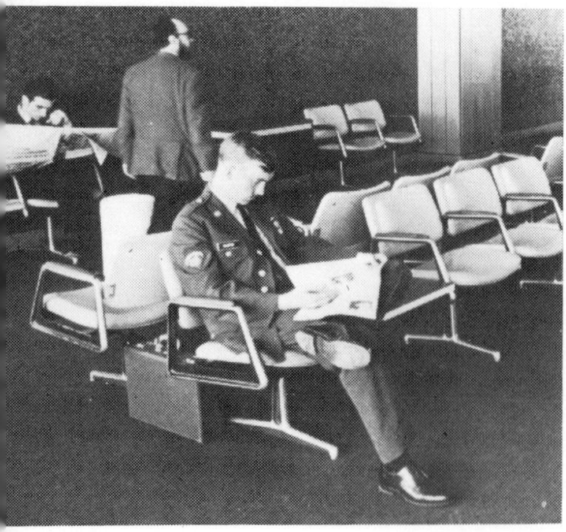

Hier geht ein Kollege des Autors an einem Soldaten vorbei. Die militärische Uniform bildet einen auffälligen Kontrast zu der akademischen Haartracht, dem Bart und der Kleidung von Dr. Kendon. Im Hintergrund sieht man einen Mann in der Uniform der Wirtschaftskonzerne.

Regionen

Es gibt weiterhin Unterschiede in Dialekt, Bewegungen, Haltungen und Mimik zwischen den verschiedenen Regionen der Vereinigten Staaten (Birdwhistell, 1970).

c) Mißverständnisse aufgrund kultureller Unterschiede

Menschen können Gesten und metakommunikative Nuancen bei einem anderen von unterschiedlicher ethnischer Herkunft mißdeuten. Auch ihre kognitiven Wertungs- und Interpretationsmuster sind verschieden, so daß sie sich oft mißverstehen. *In Amerika werden aufgrund der gemeinsamen Sprache diese emischen Unterschiede vielfach übersehen, sie stiften daher nur um so mehr Verwirrung. Weil alle englisch sprechen, glauben sie einander zu verstehen.*
Unterschiedliche Präferenzen in der Wahl des räumlichen Abstands können zwischen Angehörigen zweier Kulturen zu verletzten Gefühlen und entsprechenden Werturteilen führen.

Weiße Angloamerikaner stehen etwas über einen Meter auseinander (knapp außerhalb der Berührungsreichweite). Jüdische Amerikaner dagegen stehen in Gegenüber-Situationen näher beieinander, in bequemer Berührungsreichweite.
Hier ist ein Nichtjude gerade einen Schritt aus der von seinem jüdischen Gegenüber gewählten Distanz zurückgetreten; er lehnt sich außerdem noch zurück. Dabei könnte er womöglich denken: »Diese Juden sind aggressiv, zudringlich, anmaßend usw.«

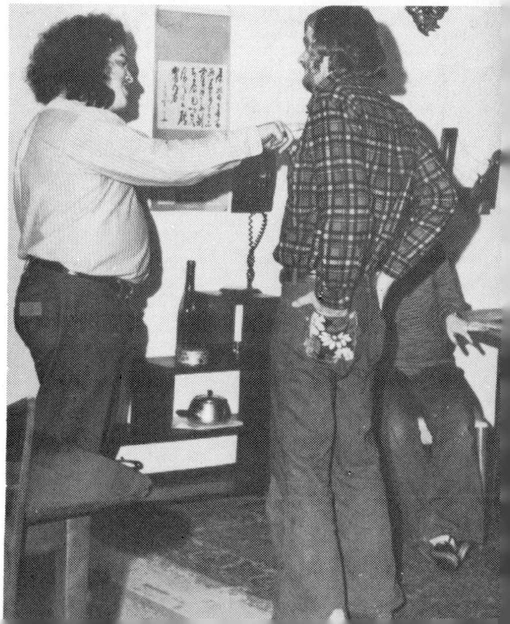

Und sein jüdischer Gegenüber könnte sich zurückgewiesen gefühlt haben und bei sich denken: »Weiße Angloamerikaner sind doch kalt, distanziert, unfreundlich oder voller Vorurteile.« Aber die beiden sind Freunde und an solche Situationen gewöhnt. So tritt der jüdische Partner wieder näher heran, auf die für ihn bequeme Distanz, und stupst seinen Freund nach traditionell jüdischer Manier mit dem Zeigefinger an.

In der Lenkung des Blickes bestehen erhebliche Unterschiede zwischen Mittelschichten-Amerikanern einerseits, Schwarzen und Puertorikanern andererseits.

Männliche Schwarze blicken sich während einer Interaktion nicht so oft ins Gesicht wie weiße männliche Mittelklassenangehörige. Einem andern ins Auge zu blicken gilt in ihrer Kultur als unhöflich.

Infolge dieser lebenslangen Gewohnheit vermeiden Schwarze auch im Gespräch mit Weißen den Blick ins Gesicht des Partners. Sensiblere Weiße werden oft darauf reagieren, indem sie ebenfalls den Blick senken.

Im allgemeinen deuten Weiße Blickvermeidung als Scham, Ausweichen oder Unterwerfung, während Schwarze es als Geringschätzung oder Konfrontation deuten, wenn ihnen Mittelklassenangehörige ins Gesicht blicken. In der schwarzen Mittelklasse der gegenwärtigen Generation sind diese Besonderheiten des Blickverhaltens im Verschwinden begriffen. Auch die militanten Schwarzen vermeiden den Blick nicht, sondern unterstreichen durch Blickkonfrontation gelegentlich noch ihre Kampfbereitschaft.
Neueingewanderte Puertorikaner, besonders Jungen, haben ein ähnliches Problem mit älteren Anglo- und Jüdisch-Amerikanern. Puertorikanische Jungen werden gelehrt, als Geste des Respekts zu Boden zu blicken. Wir

haben gesehen, wie Lehrer aus der Mittelschicht, die Techniken zwischenmenschlicher Beziehung anwandten, Jungen (die gelernt hatten, daß es sich gehört, zu Boden zu blicken) zu zwingen versuchten, ihnen ins Gesicht zu sehen. In einem Fall lief ein puertorikanischer Junge nach dieser Behandlung in Panik aus der Schule davon.

Menschen bewerten gewöhnlich die verschiedenen ethnischen Gruppen teils nach den oben beschriebenen Unterschieden des Kommunikationsverhaltens, teils nach tradierten ethnischen Stereotypen und Urteilen. Sie reagieren dann mehr auf diese Stereotypen als auf die wirklichen Aussagen oder Handlungen einer Person in einer bestimmten Situation. Dies führt oft zu schweren Mißverständnissen.

Ebenso kann man sich einen ersten Eindruck über die Persönlichkeit eines Menschen bilden und dann an diesem Eindruck festhalten, egal was er anschließend tut.

7

Kinesische Manipulationen

a) Überredung und Beeinflussung

Metakinesisches Verhalten wird gewöhnlich taktisch eingesetzt, um eine Interaktion zu manipulieren oder zu verändern. Reziproke Akte können dazu dienen, eine Beziehung herzustellen, das Wort zu behalten oder ein Argument überzeugend zu machen.

Dieser Mann gebraucht eine Andeutung von Als-ob-Werbegebaren (Blick, offene Hand) und ein interessantes Muster von rhythmischen und ungewöhnlichen Gesten. Diese sind Teil seines »Charisma«.

Diese junge Frau stellt für uns das Gesicht »offenherziger Unschuld« dar, wie es für Kinder bis zum Alter von acht Jahren bezeichnend ist. Dieses Signal kann einem Mann bedeuten, wie er sie behandeln und von welcher guten Seite er sich ihr gegenüber zeigen müsse.

Der junge Mann rechts ergänzt seine Äußerungen durch Dominanzgebärden, Großspurigkeit und überlaute parasprachliche Zusätze, wie um anzuzeigen, man habe ihn als einen Mann von Status und Autorität zu betrachten.

Der junge Mann in der Mitte versucht mit Dominanzgebaren am Wort zu bleiben und sein Argument zu Ende zu führen. Gegen einen Zuhörer, der ihn zu diskreditieren versucht, streckt er den Finger aus, die Hand läßt er ausgestreckt in dem Raum vor sich. Dabei erhebt er auch die Stimme.

Bewegungen können der Einbeziehung von Personen dienen.

Ein unzufriedenes Gruppenmitglied kann durch kleine Frozzeleien aufgemuntert werden.

Dieser Mann hatte an der Gruppe nicht mehr viel Anteil genommen, bis die Frau rechts ihn ansprach, mit einer leicht werbenden Geste, und ihn nach seiner Meinung über etwas fragte.

Transkontextuelles oder im Kontext »unpassendes« Verhalten kann zur Neudefinition einer Beziehung oder zur Herstellung einer anderen Art von Beziehung dienen.

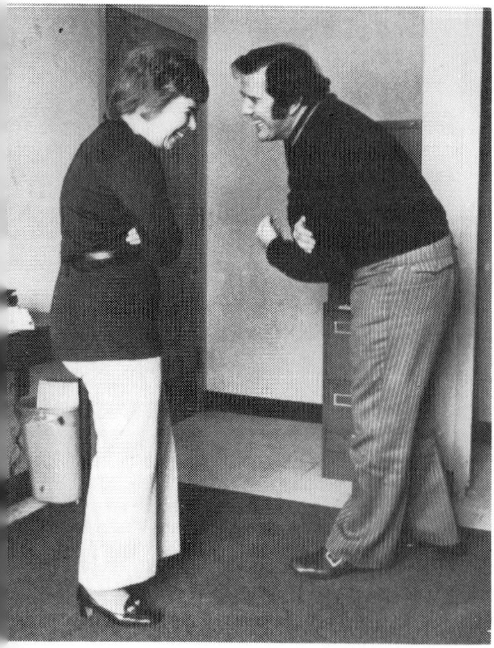

Diese beiden sind zu einem ernsthaften Dialog über einen Patienten zusammengekommen. Die Frau ist die Lehrerin des Mannes, aber er verwikkelt sie in Als-ob-Werbung und Gelächter. Später setzen sie sich und führen das Lehrgespräch durch, aber der Mann hat die ernsthafte Stimmung und das Statusarrangement in der Beziehung verändert.

Transkontextuelle Akte können auch als taktische Manöver zur Ablenkung oder zur Erzwingung von Aufmerksamkeit dienen.

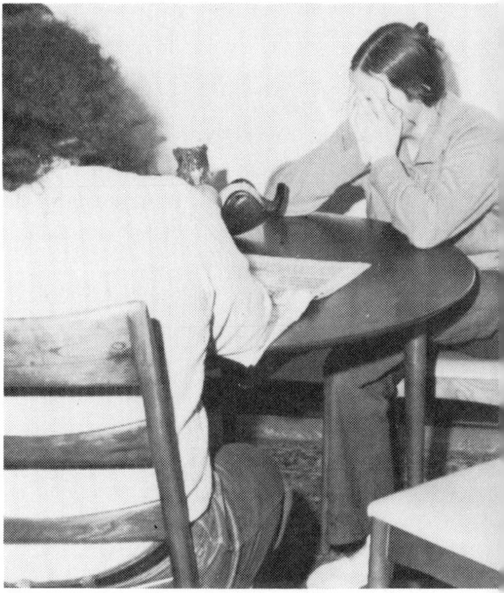

Die junge Frau sagt nichts im Gespräch, sieht aber von Zeit zu Zeit traurig drein und begräbt hier das Gesicht in den Händen. Schließlich lassen die anderen das Gespräch sein und beschäftigen sich mit ihrem Kummer.

b) Kinesischer Schwindel

Beeinflussung durch manipulierte Bewegungen

In den letzten Jahren wurde die »nonverbale« Kommunikation oder »Körpersprache« ein populäres Thema, und manche Leute haben bewußt Bewegungsverhalten manipuliert.

Es gibt heute Gesellschaftsspiele, bei denen die Teilnehmer »Gefühle ausdrücken« sollen, welche die anderen dann interpretieren müssen. Nonverbale Parties finden statt, bei denen die Gäste kommunizieren sollen, ohne zu sprechen. Ein typischer Akt dabei ist die hier gezeigte Blickkonfrontation.

Stilisierte, methodisch angeleitete Versionen von Gefühlsausdruck, körperliche Nähe und Berührungen werden auch in vielen der neuen unorthodoxen Psychotherapien eingesetzt. Diese manipulierten quasi-kinesischen Handlungen sollen »echte« Anteilnahme oder »echten« Zorn simulieren.
Die Personen, die solche stilisierten kinesischen Verhaltensweisen einsetzen, wissen wenig über natürliches kinesisches Verhalten. Sie scheinen ehrlich überzeugt, daß sie damit »echten Gefühlen« Ausdruck geben, im Gegensatz zu den ihrer Ansicht nach falschen Affekten unserer Kultur. Diese künstlichen Systeme des Gesichts-, Berührungs- und Raumverhaltens zu benutzen und sie zu lehren, führt indes in eine traurige Paradoxie. Wenn wir Kommunikation auf diese Weise angehen, laufen wir Gefahr, die Körperbewegungen ebenso unglaubwürdig zu machen wie die Sprache.
Interessenten für künstliche Kinesik sind Fernsehansager und manche Politiker. Ein Journalist soll als Experte für Körperverhalten ins Weiße Haus gebeten worden sein. (Wenn man sich die ungereimten Bewegungen mancher Spitzenpolitiker ansieht, erscheint diese erstaunliche Nachricht glaubwürdig.)
Gegenwärtig sind manipulierte kinesische Darbietungen noch selten genau genug, um zu überzeugen. Vor allem verraten sich die meisten kinesischen Schwindler durch bestimmte andere Bewegungen.

Diese Frau baten wir um Darstellung des Verhaltens bei einer kaltschnäuzigen Lüge. Sie verriet sich durch Erröten, Kichern und strich sich mit dem Zeigefinger unter der Nase entlang — ein Verhalten, das in diesem Kontext die Lüge signalisiert (vgl. Kapitel 9).

Dieselbe Frau baten wir, so zu tun, als ob sie sich um einen ihrer männlichen Kollegen bemühe. Wieder verriet sie das Als-ob, indem sie unabsichtlich das Werbegebaren karikierte.

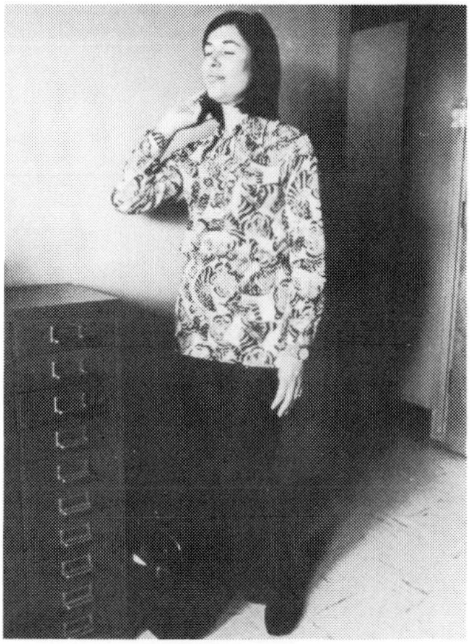

Man fällt auf kinesischen Schwindel kaum herein, wenn man nicht glaubt, daß Körperbewegungen eine Bedeutung an und für sich hätten. In der Regel müssen wir den Gesamtkontext ansehen, um zu erkennen, ob ein Verhalten aufrichtig ist.

c) Metakinesische Anspielungen

Bei Anspielungen wird kinesisch etwas anderes als das, was gesagt wird, nahegelegt.

Zum Beispiel eine schmeichelhafte Äußerung, aber mit unbewegtem Gesicht oder einem Anflug von Grinsen. Das Gesicht dieses jungen Mannes straft das Kompliment, das er gerade macht, Lügen.

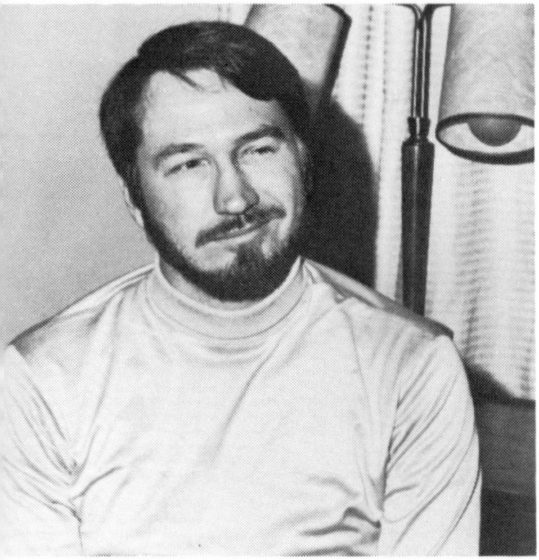

Dieser Mann spricht mit einer Frau gerade über eine Tagung, die sie gemeinsam besuchen wollen. Er grinst und blickt an ihr herauf und herunter, ein Verhalten, das in Amerika sexuelles Interesse signalisiert. Außerdem gebraucht er den »schrägen« Blick.

8

Kinesische Monitoren

Angesichts der Vielfalt der möglichen Verhaltensvarianten ist es erstaunlich, wie viele Interaktionsformen innerhalb einer Tradition standardgemäß bleiben. Fast überall in den USA können wir die gleichen Spiele, Arbeitsvorgänge, Versammlungsstrukturen und Gesprächsformen sehen. Viele dieser Formen haben sich von einer Generation zur nächsten nicht erheblich verändert. Wir fragen uns, wie solche Transaktionen in den Bahnen ihres Programms gehalten werden.

In unseren Forschungen untersuchen wir diese Formen auf folgende Weise: Wir nehmen eine Anzahl Beispiele für eine herkömmliche Transaktion in verschiedenen ethnischen Traditionen mit der Filmkamera oder dem Videorecorder auf. Die Aufnahmen gehen wir immer wieder neu durch, solange bis wir die Programmierung rekonstruieren können, die dem Geschehen zugrunde liegt. Wir erfahren, welches Verhalten erwartet wird oder zulässig ist und welches unannehmbar und störend ist. Die nicht programmgemäßen oder unzulässigen Verhaltensweisen zeitigen ganze Salven von Korrektur- und Gegenmaßnahmen. Diese Gegenmaßnahmen werden uns hier beschäftigen. Ich bezeichne sie als »Monitoren«. Monitoren können kinesisch oder auch sprachlich sein, in beiden Fällen aber dienen sie zur Regulierung oder Auslöschung abweichenden Verhaltens und sichern so den gewohnten Gang der Dinge.

Manchmal wird eine Abweichung durch ein solches Korrektursignal noch nicht beendet. Der Monitor wird zum Beispiel mißachtet, und das unannehmbare Verhalten tritt immer wieder auf. In solchen Fällen beschleunigt sich das Tempo, in dem die Korrektursignale einander folgen, und alle Anwesenden können ihren Teil dazu beitragen. Die Transaktion wird vielleicht sogar solange unterbrochen, bis die Störung durch Diskussion, Verhandeln oder durch Bestrafung eines Übeltäters behoben ist.

a) Typen von Monitoren

Wir beschreiben drei Typen von Monitoren: 1. einfache Reaktionen, die wahrscheinlich universell-menschlich sind, 2. Signale, die oftmals kulturelle Überformungen dieser einfachen Reaktionen nach den Gebräuchen einer bestimmten Tradition darstellen, 3. Selbstkorrekturen.

Artspezifische Reaktionen

Unter bestimmten Bedingungen läuft die Transaktion glatt ab, mit einem Minimum an Lenkungsmaßnahmen. Die Teilnehmer sind »wie zuhause«. Sie sitzen oder stehen still, vollführen nur die im Sinne des Programms notwendigen Handlungen und konzentrieren sich auf die Sache, um die es geht.

Dieses Bild zeigt eine solche Situation. Die Männer scheinen entspannt und aneinander interessiert zu sein. Es gibt kein Anzeichen, daß das Geschehen drumherum sie ablenkt oder daß sie sich gegenseitig irritieren. Das subjektive Erlebnis dieses Zustands könnte man als »Einklang« (rapport) bezeichnen.

Wenn jetzt plötzlich oder unerwartet eine Bewegung oder Lärm innerhalb oder außerhalb ihres Interaktionsfeldes entstünde, so würde dies sofort eine Orientierungsreaktion zeitigen. Sie würden sich dem Ursprung der Störung zuwenden. Wird die Störung nicht als Hindernis für den Fortgang der Transaktion angesehen, so wird sie nicht beachtet und die Teilnehmer kehren schnell wieder in die vorherige Orientierung und Tätigkeit zurück.
Manchmal genügt der erste Blick des Orientierungsreflexes, um die Störung zu beheben. Jemand, der sich ausgiebig gekratzt hat, bemerkt, daß andere

ihm zusehen, und hört sogleich damit auf. Oder jemand bemerkt auf der Straße, daß andere Passanten ihn anschauen, und hört deshalb auf zu singen oder Lärm zu machen, bis er außer Hörweite ist.
Der einfache Akt des Hinsehens und sich dann wieder Abwendens kann als Monitor dienen. Durch jemanden »hindurchsehen«, der gerade versucht, sich Zutritt zu einer Zusammenkunft zu verschaffen, kann signalisieren, daß er nicht eingeladen ist. Und wenn man sich von jemand abwendet, der eine bestimmte Handlung anstoßen will, zeigt man, daß man ihn nicht unterstützen wird.
Jemandem zu nahe zu kommen, kann ihn zur Einnahme einer Abwehrposition veranlassen.

Die beiden Frauen wenden sich während einer Versammlung zueinander, um sich etwas mitzuteilen. Sie sitzen zusammengedrängt auf einer Bank am Klavier, in einer Nähe, die, wie wir bei weißen Angloamerikanerinnen annehmen dürfen, als unangenehm empfunden wird. Die Frau rechts im Bild läßt das auch erkennen.

Besteht die Abweichung in unerwarteter Lautstärke, Aggressivität oder exhibitionistischen Darbietungen, so zucken die anderen vielleicht zusammen oder rücken von dem Urheber ab. Sie zeigen etwa eine leicht erschrockene Reaktion, nehmen einen Arm hoch oder treten einen Schritt zurück.

Dieser Mann nimmt den Kopf zurück, bedeckt den Mund mit der Hand, kneift die Augenlider zusammen und wendet sich leicht ab. Eine solche Reaktion kann dem Störenfried bedeuten, zurückzutreten oder nicht so laut zu sprechen.

Kulturell geprägte Monitoren

Andere, weniger stereotype oder automatische Monitoren scheinen an bestimmte kulturspezifische Programme gebunden zu sein. Wir können vermuten, daß viele von ihnen durch Überformung oder Modifikation der soeben beschriebenen artspezifischen Reaktionen entstanden sind. Das Anstarren zum Beispiel könnte aus einer Verlängerung des einfachen Orientierungsreflexes hervorgegangen sein.

Wie etwa Zeichen von Mißbilligung über die verschiedenen Kulturen verteilt sind, wissen wir nicht, wir wissen aber, daß verschiedene Völker dies auf verschiedene Weise signalisieren; z. B. wird in der einen Kultur der Kopf dabei vorgeneigt, während man ihn in einer anderen zurücknimmt und abwärts blickt.

Stirnrunzeln scheint ein weitverbreiteter Monitor dieser Art zu sein. Es wird gezeigt, wenn jemand sich abweichend verhält; in diesem Fall wird es begleitet von einem scharfen Blick oder Dominanzsignalen.

Aus dem Stirnrunzeln dieser Frau wird deutlich, daß sie irgend etwas, das gerade vorgeht, mißbilligt.

Ein gebräuchliches Korrektursignal ist es, wenn jemand mit dem Zeigefinger seitlich unter der Nase entlangstreift. Diese Bewegung kann man in Amerika überall dann sehen, wenn ein Gruppenmitglied die örtlichen Bräuche einer Gruppe verletzt. Es kann auftreten bei sexuellen Exhibitionen, Territorialverletzungen, Obszönitäten und Lügen.

In Situationen, wo jemand die Äußerungen oder Handlungen eines anderen mißbilligt, aber daran gehindert ist, dies zu sagen, wird er kinesische Handlungen vollführen, die normalerweise der Pflege oder Reinigung des eigenen Körpers dienen. In diesem Kontext dienen solche Handlungen als kinesische Monitoren.

Hier entfernt ein Psychiater imaginäre Stäubchen von seiner Kleidung, etwa so wie er es auch tun würde, wenn ein Patient ihn wüst beschimpfte.

Und dieser Mann stellt einen Gast auf einer Party dar, den wir beobachtet haben. Ein paar jüngere Männer sprachen über Haschischrauchen. Er war zu höflich, um verbal Mißbilligung zu äußern, aber er runzelte lange die Stirn und streifte sich mit der Hand Stäubchen vom Knie.

Verengung der Augenlider, meist als Argwohn gedeutet, dient als Monitor.

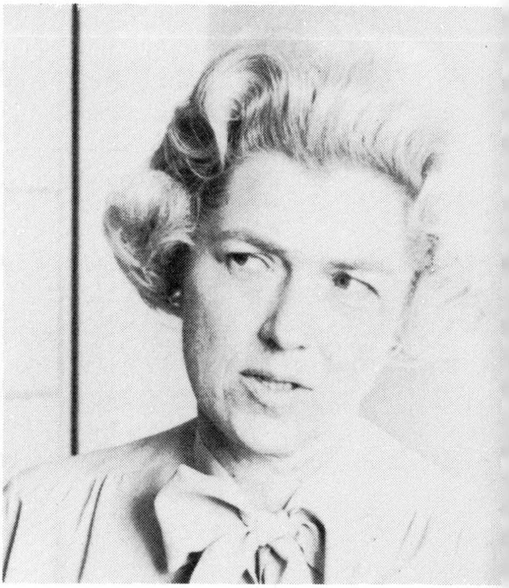

Dieser Mann blickt »scheel« drein, zieht die Brauen hoch und sagt »Ääää?«. Dabei streift er zugleich Stäubchen vom Knie. Dieses Metaverhalten ist seine Mißtrauensreaktion auf die Erzählung einer Person, die er später als »paranoid« bezeichnete. Der Betreffende hatte eine Situation beschrieben, in der er sich verfolgt fühlte.

Ich möchte den unauffälligen Charakter der meisten Monitoren unterstreichen. In der Regel sind diese Signale nicht massiv und deutlich, und sie werden gewöhnlich ohne bewußte Absicht gesendet.
Wenn jemand, dessen Meinung uns wichtig ist, einen Moment lang vor sich hin starrt und in gespannter aufrechter Haltung dasitzt, werden wir dazu neigen, bedachtsam zu handeln.

Die Frau links im Bild zeigt diese Haltung, um ein unannehmbares Verhalten abzufangen.

Warnende Blicke werden oft dann ausgeschickt, wenn eine Abweichung oder ein Fehler *antizipiert* wird. Wenn das Gespräch beispielsweise zu einem heiklen Thema kommt oder wenn jemand das Wort ergreift, der für abweichende Ansichten bekannt ist, kann man oft sehen, wie alle vorgebeugt sitzen, die Augenlider verengen und sich so benehmen, als ob sie auf Ärger gefaßt sind.

Die Frau rechts im Bild reicht eine leicht zerbrechliche Schale mit Süßigkeiten herum. Man beachte das Blickverhalten der drei andern Frauen.

Zu bemerken ist, daß manche der hier als Monitoren beschriebenen Verhaltensweisen in anderem Kontext als Gesten erschienen. Ich bringe dies hier vor, um einen Punkt über Metaverhalten deutlicher zu machen: Der Monitor ist nicht eine *Form* des Verhaltens, sondern *Gebrauch* einer Form — eine Beziehung von Form und Kontext.

Eine bekanntere Art kinesischer Monitorsignale sind Gesichtsdarbietungen, die einen fortlaufenden Kommentar zum Verhalten eines anderen abgeben können. Ausdrücke von Verachtung, Abscheu, Ärger oder Beschämung lassen sich registrieren. Wir haben festgestellt, daß sich die Interaktionspartner dieses Verhaltens oft kaum bewußt sind.

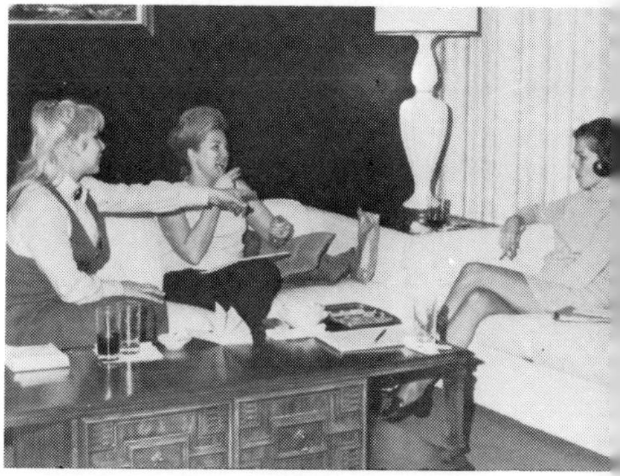

Die Frau rechts im Bild wird von ihren Kolleginnen aufgezogen, ihre Gesichter zeigen Spott.

Man beachte aber, daß die Frau, der die Monitorsignale gelten, darauf eine ziemlich beherrschte Reaktion zeigt. Dieses »kühle« oder kontrollierte Gesicht ist oft an Personen zu beobachten, die öffentliche Versammlungen gewohnt sind. (Das äußerste Maß an Gesichtskontrolle sieht man wohl beim Psychotherapeuten, der gegenüber den Patienten Hinweissignale über seine Einstellungen taktisch zurückhält.) Im Fall des Bildes oben dient die Gesichtskontrolle der Frau zum Auskühlen der Heiterkeit. Dies war zweckmäßig, nicht nur weil die Frau eine aggressive Antwort auf die Spötteleien unterdrücken wollte, sondern auch weil die Zusammenkunft eine Arbeitsbesprechung war. Trotz des informellen Rahmens sind diese Frauen das offizielle Direktorium einer Organisation, und bei ihren Zusammenkünften gibt es Regeln darüber, was sich gehört.

Selbstkorrekturen

Wir dürfen nicht annehmen, daß kinesische Korrektursignale nur von konventionsbefangenen Leuten gegen Rebellen und Abweichler gebraucht werden; *oft ist es der Regelverletzer selbst, der den Monitor vollführt.*

Ein bekanntes Beispiel ist der Nasenstreif-Monitor bei einer Übertreibung oder Lüge. Jemand lügt oder verschweigt etwas und streift sich dabei *selbst* mit dem Zeigefinger unter der Nase entlang. Der Monitor warnt uns, daß er die Situation falsch darstellt. Dies könnte ein Grund sein, warum manche Leute schlechte Lügner sind.

Kinesisches Metaverhalten kann auch eine Entschuldigung oder Rationalisierung für etwas, was jemand getan hat, darstellen. Ein Regelverletzer lächelt vielleicht demütig, läßt den Kopf hängen und wird selbst rot, wenn er etwas »Unpassendes« sagt. Oder ein Mann, den eine Frau bei der Betrachtung ihrer Beine ertappt hat, reibt sich die Augen, wie um anzudeuten, daß sie ihm nicht richtig gehorcht haben.
Man kann sich auch kinesisch für das Unterlassen einer erwarteten Handlung entschuldigen.

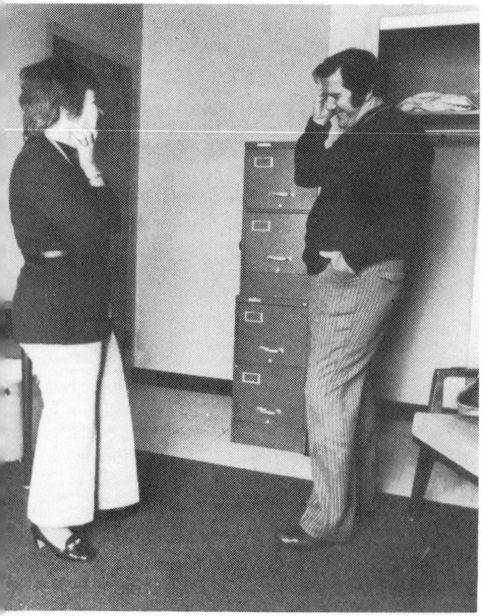

Der Mann hier scheint noch nicht bereit, die Frage zu beantworten, die ihm die Frau gestellt hat. Er tritt zurück, kneift die Augen zu und kratzt sich am Kopf. Dieses Verhalten signalisiert wohl, daß er nachdenkt, nicht daß er sich weigert zu antworten.

Eine solche kinesische Entschuldigung gesteht die Abweichung ein und zeigt gleichzeitig, daß damit keine direkte Infragestellung der geltenden Regeln beabsichtigt war.

b) Situationen, in denen Monitoren versagen

Warnsignale können mißachtet werden.

Diese Frau quittiert ein Mißbilligungssignal mit einem Grinsen.

Diese Frau lacht, während ihr Mann ihr Vorhaltungen zu machen sucht. (Dabei legt sie zugleich die Hand aufs Herz, wie zum Beteuern von Unschuld oder Aufrichtigkeit.) Der Vorwurf scheitert, und das Lachen der Frau wirft ihn zurück auf den Gatten.

Ich bin überzeugt, daß kinesische Monitoren oft mit mehr Erfolg unerwünschtes Verhalten unterbinden als verbale Kritik. Wenn sich der Modus der Kommunikation auf die Sprache verlagert, wird der Mißbilligungscharakter offenkundig. Das kann den Empfänger der Mißbilligung zu vielerlei bewußteren Maßnahmen provozieren. Er kann sich nun gezwungen sehen, seine Unabhängigkeit zu demonstrieren, das Gesicht zu wahren, seine Stellung oder seine Selbstachtung zu verteidigen, während kinesische Monitoren sein Verhalten vielleicht automatisch korrigiert hätten.

Kinesische Mißbilligung wird oft durch verächtlichen oder sarkastischen Stil noch verstärkt oder mit Frozzeln oder Aufziehen zugedeckt.

Diese Frau, die erst vor kurzem nach Amerika eingewandert ist, hat im Gespräch eine kulturell naive Bemerkung gemacht. Ihr amerikanischer Gatte zog sie deshalb sarkastisch auf. Dabei machte er ein übertrieben unbewegtes Gesicht, aber die Augenwinkel falteten sich in der typischen Konstellation des Frozzelns oder Aufziehens. Man beachte die Reaktion der Frau. Sie lächelte, zog die Arme hoch, trat zurück und erwiderte etwas, ebenfalls frozzelnd, aber mit offensichtlichem Ärger.

Wenn jemand den Monitorsignalen widersteht, können diese durch Dominanzgebaren verstärkt werden. Der Signalsender sitzt dann aufrecht oder tritt nahe heran, reckt sich möglichst hoch auf und schiebt Brust oder Kiefer vor.

Hier spricht der Autor respektvoll zu seiner weiblichen Partnerin; durch Dominanzgebaren und Sprechen verhindert er jedoch, daß sie ihrerseits das Wort ergreift. Er lehnt sich dicht zu ihr, so daß sie etwas zurückweichen muß. Daß er den Arm um ihre Schulter legt, scheint eine herzliche Geste zu sein, dabei bohrt er ihr aber jedesmal, wenn sie zum Sprechen ansetzt, kontrollierend den Zeigefinger in die Schulter.

Manchmal erfolgt ein Monitor, um eine Abweichung zu korrigieren, anschließend aber tritt das abweichende Verhalten von neuem auf.
Eine junge Frau in Begleitung ihrer Mutter wurde von zwei männlichen Psychiatern interviewt. Von Zeit zu Zeit wandte sie sich einem der beiden zu, machte eine unpassende (transkontextuelle) Bemerkung sexuell provo-

zierenden Charakters und schlug die Beine übereinander, so daß man ihre Schenkel sehen konnte.
Ihre Mutter ignorierte dieses Verhalten, *nur vollführte sie jedesmal den Nasenstreif-Monitor.* Daraufhin setzte die Tochter sofort wieder beide Füße auf den Boden, gab sich eine »damenhafte« Haltung und verfiel in Schweigen. Ein paar Minuten später aber — insgesamt siebenmal — wiederholte sich dieselbe Sequenz. Schließlich begann einer der Psychiater, ohne es zu merken, denselben Monitor im selben Augenblick zu vollführen wie die Mutter.
In einem anderen Fall saßen eine junge Frau, ihre Mutter und ihre Großmutter während eines Familientherapie-Gesprächs von links nach rechts nebeneinander auf einem Sofa. Der Therapeut saß auf einem Stuhl links gegenüber dem Sofa, der Vater auf einem Stuhl rechts davon.
Von Zeit zu Zeit lehnte die Mutter sich vor und sagte etwas zu dem Arzt, dabei zeigte sie voll ausgeprägtes Werbegebaren. Einen Augenblick später bewegte der Gatte aufgeregt den Fuß, und Tochter und Großmutter, die die verführerische Mutter flankierten, kreuzten die Beine übereinander. Die Tochter schlug das linke Bein über das rechte, die Großmutter das rechte über das linke, so daß sich die Zehenspitzen der beiden flankierenden Frauen vor der Mutter beinahe berührten. *Die Mutter war auf diese Weise unter Verschluß.* Sie lehnte sich sofort wieder zurück, wurde still, erschien deprimiert und stellte das Werbegebaren ein. Ein paar Minuten später aber machte sie wieder dasselbe. Das geschah elfmal in einer Zeit von dreißig Minuten, und jedesmal lief die Monitor-Sequenz in genau der gleichen Weise ab.
Die Frau im ersten Beispiel war dem psychiatrischen Etikett nach »schizophren«, die zweite »hysterisch«. Diese besondere Art des Oszillierens zwischen Konformität und Abweichung scheint mir eines der Merkmale dieser »Zustände« zu sein.

Offene Mißbilligung

In manchen Fällen ist das korrigierende Metaverhalten eher offen und bewußt. Dies kommt oft vor bei groben Verhaltensverstößen, die einen expliziten Wert oder Grundsatz verletzen.

Das »Hochzeichen« wird gebraucht, um Personen vor unzulässigen Handlungen zu warnen. Eine seiner Formen besteht in einem seitlichen Kopfschütteln und dem Ausstrecken von Arm und Hand. Diese Dame benutzt dabei nur eine Hand, viele Menschen strecken auch beide aus.*

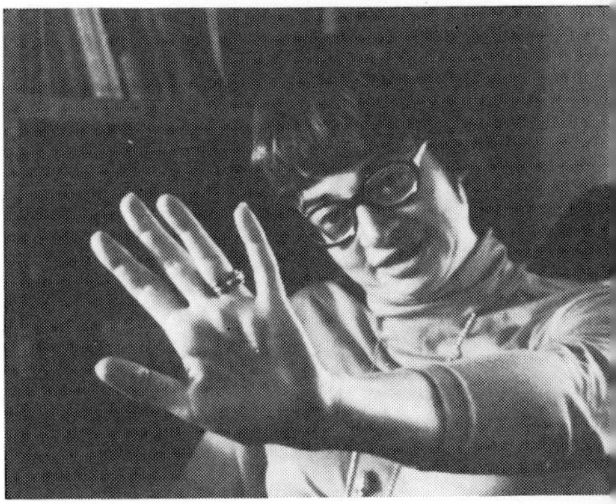

Hier benutzt eine Mutter den Zeigefinger, sie schüttelt ihn vor dem Kind, gleichzeitig schüttelt sie auch den Kopf, sagt »nein-nein« und zeigt allgemein Dominanz.

Wird ein starkes kinesisches Zeichen oder Drohsignal mißachtet, so kann eine verbale Ermahnung folgen. Der Abweichler kann kritisiert, beschimpft oder bestraft werden.
Kann die Abweichung innerhalb der lokalen Gruppe nicht korrigiert werden, so wird der Abweichende entweder offen aus der Gruppe verbannt oder einfach von weiteren Transaktionen ausgeschlossen. In extremen Fällen wird er dann denjenigen gesamtgesellschaftlichen Agenturen übergeben, die sich mit derlei Dingen befassen, wie etwa der Justiz, dem Militär, der Kirche oder einer psychotherapeutischen Einrichtung usw.

e) Anpassung und Rekalibrierung

Annehmbare Veränderungen oder Variationen werden durch Anpassungsmaßnahmen aufgefangen, die das neue Geschehnis einbeziehen oder es unterstützen.
Manche Verhaltensweisen sind bei einer Transaktion erlaubt, ohne doch offiziell Teil des Programms zu sein, zum Beispiel sich unauffällig zu kratzen oder Rauchen. Dieses Verhalten wird gewöhnlich nicht beachtet. Andere Verhaltensweisen dagegen stören die Transaktion immerhin so sehr, daß sie eine gewisse Aufmerksamkeitszuwendung und Anpassung erfordern. Wenn

* Da hier die Finger ausgestreckt und nicht gekrümmt werden, betrachten wir diese Geste nicht als Äquivalent der Handflächendarbietung beim Grüßen oder Werbegebaren, die wir bereits erörtert haben.

zum Beispiel einer der Hauptbeteiligten kinesische Anzeichen von Schmerz, Unbehagen oder Ärger zeigt, die auf einen transkontextuellen Akt vorausdeuten können, so wenden sich die andern womöglich ihm zu, um sich des Problems anzunehmen.

Dieses Bild illustriert den Moment der Neuorientierung in einer Transaktion, noch bevor die Anpassung vollzogen ist. Der Mann in der Mitte hat das Wort an sich gerissen. Die andern wenden sich zu ihm hin wie zu einem abweichenden Mitglied, denn sie haben seine Unterbrechung noch nicht gebilligt. Ein paar Augenblicke später, nachdem sie seine Äußerungen angehört haben, rekalibrieren sie ihre Haltungen und gewähren ihm Zuhörsolidarität.

Die Frau links im Bild zeigt Verzweiflung. Die beiden andern unterbrechen ihr Gespräch und wenden sich ihr zu.

Wenn der Brennpunkt der Aufmerksamkeit wechselt, müssen die Teilnehmer vielleicht ihre Haltungen neu orientieren, damit andere nicht von der Verbindung mit dem Sprecher abgeschnitten sind.

Die zwei Frauen links müssen sich zurücklehnen, damit die dritte in Kontakt mit dem Sprecher (links außerhalb des Bildes) bleiben kann. Einen Augenblick zuvor haben sie vorgebeugt gesessen und der Frau rechts zugehört. (Man beachte, daß alle drei die Arme in einer Position halten, die geringe Anteilnahme am Geschehen verrät.)

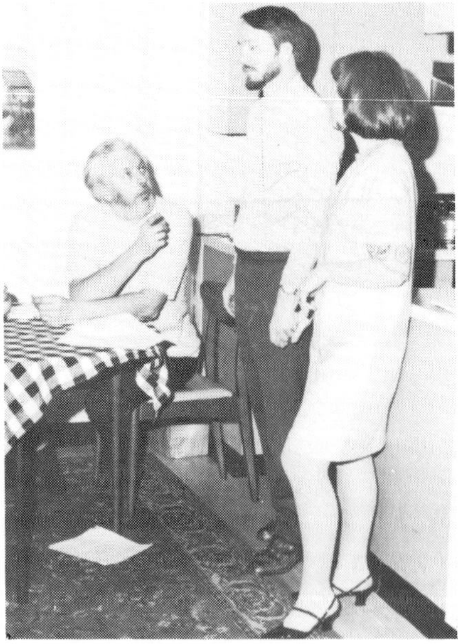

Auf diesem Foto hat gerade eine ähnliche Rekalibrierung der Raumpositionen stattgefunden. Die zwei Männer hatten an dem Tisch miteinander gesprochen. Als die Frau hinzukam und den Sitzenden ansprach, trat der Mann in der Mitte zurück und wandte sich um, so daß er etwa auf halber Strecke zwischen beiden hindurchsah und ihnen eine Gesprächslinie freigab.

Da er mit der Frau verheiratet ist, faßte er sie zugleich bei der Hand und deutete so ihre Zusammengehörigkeit an. Ein solches Verhalten dient oft dazu, die Intensität der Beziehung zwischen der Ehefrau und einem Dritten zu kontrollieren.

d) Meta-Transaktionen

In Fällen, wo ein Mißverständnis oder eine Abweichung nicht durch eine kinesische Anpassung oder Korrektur behoben werden kann, kommt womöglich der Fortgang der Handlung zum Stillstand. Die Teilnehmer müssen das Problem erörtern, die Situation neu definieren oder noch aktivere Maßnahmen ergreifen, um die Schwierigkeit zu beseitigen. Transaktionen (im Unterschied zu einfachen kinesischen Stellungnahmen), die sich mit einer Kommunikationsschwierigkeit beschäftigen, bezeichnen wir als »Meta-Transaktionen«.

Die Ankunft eines Dritten erzwingt eine Neuorientierung der Sitzanordnung. Der Mann rechts, der auf einem Stuhl hinter ihm gesessen hatte, weiß nicht mehr, wo er sitzen soll. Er sah den Gastgeber (links) an. Dieser muß ihm signalisieren, daß er um den Tisch herum zu einem Stuhl auf der andern Seite gehen kann. Dies tut er, indem er den Weg freigibt und mit der linken Hand den andern durch den engen Durchgang steuert.

Es hat also eine Anpassungstransaktion stattgefunden, damit die Haupttransaktion fortgesetzt werden kann.
Zahlreiche Mißverständnisse können auftreten, über die verhandelt werden muß. Wenn zum Beispiel zwei Personen divergierende Vorstellungen über den Charakter ihrer Zusammenkunft unterhalten, so werden sie in der Regel einander ihre Irritation zu verstehen gehen.

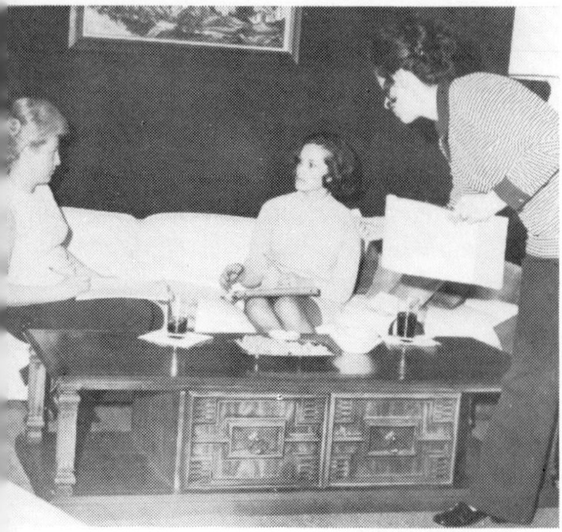

Nichtverstehen wird kinesisch durch hochgezogene Augenbrauen und andere metakinesische Zeichen signalisiert. Die Frau rechts im Bild zeigt mit einem leeren Gesicht und weit geöffneten Augen, daß sie und ihre Partnerin nicht in den gleichen Bahnen denken. Aber auch die Partnerin sieht irritiert aus. Ein Mißverständnis baut sich auf, und eine Meta-Transaktion steht bevor.

Es kommt oft vor, wie bei den Frauen im Bild, daß zunächst Klarstellungen über das Programm, die Rollen oder die Regeln der Situation getroffen werden müssen, ehe die Transaktion weitergehen kann.

9

Soziale Ordnung

Wir haben schon gesagt, daß eine Transaktion gewöhnlich durch eine Reihe von Anpassungs- und Korrekturmaßnahmen in ihrer Bahn gehalten wird. Natürlich reicht aber das allein noch nicht aus.

Die Stabilität einer Transaktion hängt auch von der Stabilität ihrer Umwelt ab. In normalen Zeiten wird diese Stabilität auf allen Ebenen der sozialen Organisation gewahrt, von der Form einer lokalen Situation bis hin zur Struktur der Gesellschaft als ganzer.

Auch die Formen des Verhaltens sind in hohem Grade stabil. Sie überdauern bei weitem die Menschen, die sie gebrauchen, und die Orte, wo sie auftreten. Diese genetisch und kulturell kodierten Verhaltensformen überdauern Jahrhunderte und Jahrtausende — sie sind also noch älter als die Gesellschaften, die auf ihnen basieren.

Es ist daher wenig folgerichtig, die soziale Ordnung nur unter dem Aspekt der Individuen und der Menschengruppen zu beschreiben. Sinnvoller ist es, sie als ein System von Verhaltensweisen und Kontexten zu betrachten. Ist der Kontext stabil und kongruent, so treten die gewohnten Ereignisse ein, ist er das nicht, kommt es zu Varianten und Veränderungen.

a) Die Stabilität der Verhaltensumwelten

Gewöhnlich finden Transaktionen in einer physisch hochstabilen Umwelt statt. Nicht nur der Ort ist hoch strukturiert, sondern auch die Menschen und die Gruppierungen pflegen stabil zu sein.

Orte

Die meisten Transaktionen geschehen an Orten, wo der Raum in vorgegebener Weise geordnet, möbliert und dekoriert ist. Bei Gesprächen zum Beispiel sind Stühle vorhanden, die in herkömmlicher Weise in bestimmten interpersonalen Abständen angeordnet sind. Diese Elemente der Umgebung haben zugleich eine spezifische symbolische Bedeutung (vgl. Kapitel 10).

Diese Anordnung befindet sich wahrscheinlich an einem umgrenzten Ort, dessen Ein- und Ausgänge kontrolliert sind. Die Aktivitäten, die darin stattfinden, sind womöglich noch weiter durch Brauch oder Gesetz geheiligt oder werden von verschlossenen Türen oder Polizisten geschützt. Und die Orte wiederum liegen innerhalb bestimmter Territorien: Enklaven, medizinischen Versorgungsbezirken, Abteilungen für politische Häftlinge, Städten, Staaten und Nationen, deren Gesetzen und Sitten die Aktivitäten, die in ihnen stattfinden, unterliegen.

Gruppen

Die erste Gruppe, der die meisten Menschen als Mitglieder angehören, ist natürlich die Familie oder die Haushaltsgemeinschaft. Die Mitglieder dieser Gruppen sind hinsichtlich Nahrung, Einkommen, körperlicher Zuneigung, Status und Selbstachtung aufeinander angewiesen und nehmen einander daher nicht leicht.

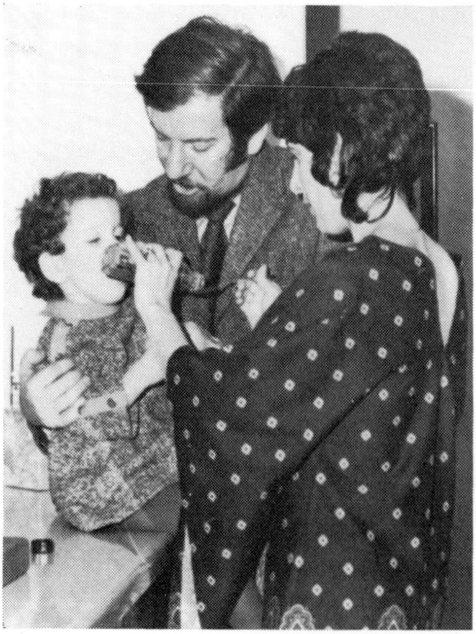

In der Familie hängen zum Beispiel Gesundheit und Wohlbefinden des Kleinkinds von den Pflegediensten der Eltern ab. Manche dieser Dienste können verweigert werden, wenn das Kind den kulturellen Erwartungen nicht gerecht wird. Die Transaktionen der Familie erhalten gleichzeitig den jungen Organismus am Leben, bauen Sozialbindungen auf und bewahren sie *und* lehren die Werte und Programme der betreffenden Kultur.

Diese kleinen Sozialgebilde verbinden sich in der Gesellschaft zu erweiterten Großfamilien, Gruppen gleichrangiger Partner und Freunde, Nachbarschaften usw.

Bei herkömmlichen Anlässen finden sich die Mitglieder dieser größeren Sozialgebilde zusammen. Verheiratete Paare z. B. besuchen andere Paare in deren Häusern. Hier pflegen und zeigen die Paare ihre Verbindungen zu den anderen Paaren, während sie gleichzeitig die ehelichen Bindungen wahren, indem sie Seite an Seite sitzen, eine ähnliche Haltung einnehmen, auf Tuchfühlung bleiben oder gelegentlich Blicke, Berührungen oder Bemerkungen wechseln.

Im Umgang erfüllen die verschiedenen Fraktionen und Mitglieder einer sozialen Zusammenkunft füreinander zum Teil die gleichen Funktionen wie die Familienmitglieder zuhause. Sie bieten sich Speisen und Getränke an, plaudern und schenken sich Aufmerksamkeit; damit erhalten sie ihre Bindungen. Immer wieder von neuem stellt ihr Verhalten die Werte, Überzeugungen, Dogmen und Normen ihrer gesellschaftlichen Tradition dar.

Der Vollzug einer bestimmten Art von Transaktion hält die herkömmliche Programmierung am Leben und erlaubt Kindern und Neulingen zu lernen, was man tun soll. So erhält die soziale Organisation die Programmierung, und die Ausführung eines Programms erhält die soziale Organisation.

Größere soziale Organisationen repräsentieren und regieren die kleineren Sozialgebilde. Diese größeren Körperschaften halten gewohnheitsmäßig Zusammenkünfte ab, zu denen die verschiedenen Familien, Kollegen- und Gemeindegruppierungen Delegierte entsenden.

Dieses Bild zeigt die Versammlung einer Frauengruppe, bei der Mitglieder und Vorstand ein dringendes Problem diskutieren wollen. Innerhalb der Mitgliedschaft, die man hier versammelt sieht, befinden sich die Frauen in der Zusammengehörigkeitsposition des Seite-an-Seite, was allgemein ihre Gruppenbindung deklariert. Im Innern der Gruppe aber geschehen Apart-Interaktionen, neue Koalitionen nehmen Gestalt an, Verbindungen werden gepflegt und Positionen geklärt. (Man beachte zum Beispiel die Flüstergespräche.)

Der Vorstand, der den Mitgliedern gegenüber sitzt, scheint eine einheitlichere Position zu haben. Die Damen sind sehr daran interessiert, zu einem Plan zu kommen, den sie dann einem größeren Forum, der Gemeinde, unterbreiten wollen.

In Teil III sollen die größeren Institutionen beschrieben werden, die solche Bürgerorganisationen beeinflussen oder kontrollieren.

Personen

Die Menschen, die an Transaktionen teilnehmen, können ebenfalls als »Umweltbedingungen« der auftretenden Verhaltensweisen betrachtet werden.

Jeder Mensch kann eine vielseitige Persönlichkeit haben und ein großes Repertoire möglicher Handlungsweisen, bei jeder bestimmten Transaktion wird ihm jedoch eine Spezialisierung abverlangt. Es wird erwartet, daß er

die Variabilität seines Tuns reduziert und eine spezielle Rolle übernimmt, die er in herkömmlicher und voraussagbarer Weise aufführen soll. Zumindest in dieser Rolle pflegen Talente, Stile, Neigungen und Bindungen einer bestimmten Person über viele Jahre hinweg konstant zu bleiben, manchmal sogar für das ganze Leben.
Bei einer bestimmten Art von Transaktion bildet daher ein Mensch eine relativ stabile Quelle von Verhalten, und seine Anwesenheit bietet dem Verhalten anderer, die ihn oder seine Rolle gut kennen, eine ziemlich beständige »Umwelt« dar. Nicht zu vergessen ist jedoch, daß die Anwesenheit dieses Menschen auch Aspekte oberhalb und jenseits der beständigen Verhaltensmerkmale mit umfaßt, aus denen wir seine Rolle abstrahieren. Er wird auch die Merkmale der Zugehörigkeit zu einer Rasse, einer ethnischen Gruppe, einer sozialen Klasse, einer Institution oder mehreren Institutionen, Geschlecht und Altersgruppe aufweisen. Und er hat einen bestimmten Gesundheitszustand, eine psychische Verfassung und Stimmung.

b) Die Stabilität der Verhaltensformen

Die Systeme, die wir bisher erörtert haben (Orte, Gruppen, Personen) sind von mittlerer geschichtlicher Dauer. Sie dauern viel länger als ein Lächeln, ein Reziprokenaustausch oder eine soziale Zusammenkunft, aber mit Sicherheit viel weniger lange als die kulturellen und genetischen Systeme, durch die Verhaltensformen weitergegeben werden.

> Manche Organisationsformen haben Jahrtausende überlebt. Gebäude bleiben manchmal Jahrhunderte lang erhalten. Die bekannten Sprachen überdauern viele Jahrhunderte, und die Grundformen der Sprache dürften etwa 50000 Jahre alt sein. Die Grundformen des Werbe-, Dominanz- und Territorialverhaltens dürften Millionen Jahre alt sein, und bestimmte Reaktionen auf Umweltstreß gehen bis auf die Säugetiere zurück.

Jedermann wird zum Menschen, indem er diese Verhaltensformen erwirbt, sie ihr Leben lang gebraucht und sie durch Unterweisung und Beispiel seinen Nachkommen überliefert. Diese Verhaltensformen werden bewahrt und weitergegeben, indem sie immer und immer wieder, an tausend und Millionen Orten in der Gesellschaft, jahraus-jahrein vollführt werden.
Auch die *Konzeptionen* für menschliches Verhalten werden immer wieder neu dargestellt, propagiert und verewigt. Überzeugungen, Werte, Rationalisierungen, Ideale und Stilvorschriften werden immer von neuem in menschlichen Transaktionen wiederholt. Außerdem werden in der Gesellschaft spe-

zielle Transaktionen veranstaltet, um diese Konzeptionen zu verfeinern und zu verewigen. Romane, Dramen und Lieder werden über die Erfahrungen der Menschen geschrieben, vielfach wiederholt an öffentlichen Orten aufgeführt und gedruckt oder durch audio-visuelle Medien bis in die Wohnungen getragen. Komitees erarbeiten Papiere mit politischen Empfehlungen. Unterricht wird erteilt, wie man Reden hält, sich benimmt, spielt, Versammlungen leitet und mit welchen Taktiken man Menschen verführen oder manipulieren kann, wie man zu Geld kommt und ähnliches mehr. In Schulen und religiösen Institutionen werden die Doktrinen und Werte endlos wiederholt, und Modelltransaktionen werden veranstaltet, um die Neulinge zu unterrichten und das Gedächtnis der Erwachsenen aufzufrischen.
Wo diese Mechanismen versagen, werden Metatransaktionen vollführt, um die Abweichler zu bestrafen, neu zu indoktrinieren und zu »behandeln«. Andere Metatransaktionen wieder lenken die Beiträge der Unerwünschten, der Ausländer, der Unattraktiven oder Ungelernten in die für sie vorgesehenen Kanäle, damit sie nicht die Alltagstransaktionen auf der Hauptstraße der Gesellschaft stören.
Diese Metatransaktionen halten die tradierten Sitten, Gesetze, Regeln, Werte und Überzeugungen zu allen Zeiten vor den Menschen hoch, um sicherzustellen, daß sie der Nachwelt überliefert werden. Sie schützen außerdem die Territorialgrenzen der traditionellen Transaktionen, minimalisieren Störungen und kontrollieren den Zustrom neuer Erfahrungen und Informationen. Die Ordnungsregeln, die in diesen Metatransaktionen durchgesetzt werden, liegen im Interesse der oberen Ebenen der sozialen Organisation.

c) Stabilität und Veränderung: Eine systemtheoretische Perspektive

Ebenso wie metakinesisches Verhalten und verbales Aushandeln die Ordnung der Transaktion wahrt, wahrt der Fortgang der Transaktion die metakommunikativen Regulations-Subsysteme. Die Gesellschaftsordnung stützt und erhält die Transaktion, und die Transaktion stützt und erhält die Gesellschaftsordnung. In einer solchen Systemperspektive gibt es keine linearen Pfeile, die von einer Ursache zu einer Wirkung führen, sondern nur Schleifen und Kreise der Rückkopplung, da jedes Ereignis alle anderen Ereignisse mit »verursacht«.
Bestimmte Ereignisse in der sozialen Ordnung haben eine sehr konkrete und materielle Form, z. B. Dinge, Menschen und Gruppen von Menschen. Andere Ereignisse bestehen in *Veränderungen* des Zustands von Dingen und Menschen, d. h. Verhalten. Dies führt uns heraus aus der altehrwürdigen Auffassung der sozialen Ordnung als einer Ansammlung von Dingen und Menschen, die das Geschehen in der menschlichen Erfahrung verursachen

oder erzeugen. Nur wenn wir kürzeste Zeitausschnitte isolieren, können wir sagen, daß Menschen Verhalten hervorbrächten, und nur ein pseudokonkretes Denken läßt uns sagen, daß Menschen sich zu Dingen und zu anderen Menschen verhielten. Sie verhalten sich in Wahrheit zu den *Eigenschaften* von Dingen und zu dem *Verhalten* anderer Menschen.

In diesem Sinne sprechen wir von Verhalten *im Kontext* oder von Beziehungen im Ökosystem. Wir behaupten, daß der unmittelbare Kontext eines Zustands oder einer Veränderung (d. h. eines Verhaltens) die Totalität des Verhaltensgeschehens (Zustände und Veränderungen) in einer Szene oder Transaktion ist. Dazu gehören alle Zustände oder Veränderungen, soweit sie sichtbar, hörbar oder anderswie manifest werden, also auch physiologische und kognitive Ereignisse, obwohl wir Schwierigkeiten haben, diese letzteren direkt wahrzunehmen. Die Haut des Menschen gilt uns nicht als eine sehr wichtige Grenze; daher können wir uns nicht darüber ereifern, ob ein Ereignis ein inneres oder äußeres, ein psychologisches oder soziales Ereignis ist.*

Wir sind nun in einer theoretischen Position, von der aus wir einen zweiten Blick auf die »Verursachung« und die Rolle von Kinesik und Sprache im menschlichen Leben werfen können. Betrachten wir für einen Augenblick

---

* Die Rolle der Kinesik in der sozialen Ordnung anzugeben, wie ich es getan habe, heißt nicht, die Deutungen, die psychologische oder psychodynamische Theoretiker diesen Verhaltensweisen gegeben haben, auszuschließen oder zu ignorieren. Ein Gesicht, das Abscheu signalisiert, kann in der Transaktion als Monitor dienen; eine solche Einschätzung leugnet aber nicht, daß das Signal Ausdruck eines Gefühls des Betreffenden über das Verhalten seines Interaktionspartners ist.

Transkontextuelles Verhalten eines Teilnehmers kann, wenn wir sein Auftreten unter dem Aspekt der Kommunikation betrachten, als eine Störung der Transaktion erscheinen. Wir können aber zugeben, daß dieses Verhalten, von dem einzelnen Teilnehmer und seinen psychischen Prozessen her betrachtet, motiviert ist. Das Verhalten spricht dafür, daß der Teilnehmer einen Grund hatte, warum er störte oder an etwas anderes dachte.

Der Unterschied in den Deutungen beruht auf einem Unterschied im begrifflichen Vorgehen des Forschers, systemtheoretisch gefaßt, einem Unterschied der Deutungsebenen. Der Psychologe arbeitet auf der Ebene des Organismus, er beschäftigt sich mit den Prozessen *der einzelnen Teilnehmer* in einer Transaktion. Wir haben uns dagegen in diesem Buch mit der *sozialen* Ebene beschäftigt und nach der Bedeutung von Verhalten in der *gegenwärtigen Transaktion* gefragt. Der Psychologe kann das Verhalten eines Teilnehmers aus dessen Vorstellungen und Prozessen erklären, während der Sozialwissenschaftler die Erklärung im weiteren Kontext sucht. In Wahrheit müssen wir jedoch zu einer umfassenden Erforschung der Kommunikation beide Sphären berücksichtigen, denn Verhalten geschieht immer in einem *Kontext.*

den hypothetischen Zustand, in dem Kongruenz zwischen den Kontexten auf allen Ebenen bestünde.
In einem solchen Zustand wären zumindest die folgenden Beziehungen kongruent. Die Architektur des Ortes wäre den laufenden Aktivitäten angepaßt, und der Ort wäre in einem weiteren System von Territorien gelegen, in dem dieselben Regeln und Praktiken vorherrschen. Die Gruppenmitglieder gehörten derselben Kultur an und würden sich daher auch derselben Verhaltensformen bedienen. Es bestünde eine gemeinsame Situationsdefinition, so daß die erwarteten Tätigkeiten sich in ein gemeinsames Programm fügen würden. Und bei jedem Teilnehmer wären Sprechverhalten, Körperbewegungen, Gesichtsausdruck und kognitive Prozesse kongruent.
In einem solchen Zustand könnten wir einen hohen Grad an Stabilität der Transaktion erwarten. Die Menschen würden ihr Tun mit einem Minimum von transkontextuellen und manipulativen Akten synchronisieren und koordinieren. Metakinesische Hinweise, Signale und Monitoren wären nur selten notwendig. In herkömmlichen Transaktionen lassen sich oftmals Teilabschnitte erkennen, in denen eine solche Kongruenz besteht.
Gewöhnlich ändert sich aber bei Transaktionen ständig der Verhaltenskontext, woraus kleinere oder größere Inkongruenzen entstehen. Menschen unterschiedlicher Herkunft und mit unterschiedlichen Loyalitäten treten auf und bringen sehr unterschiedliche Handlungsprogramme, Sinnbezüge und Zielvorstellungen mit. Sie unterhalten vielleicht höchst unterschiedliche Vorstellungen darüber, was sich gehört und was zu tun ist, und finden das Verhalten anderer unannehmbar. Auch Veränderungen in der gesamtgesellschaftlichen Ordnung können die Transaktion beeinflussen, z. B. eine Bevölkerungsexplosion, eine Hungersnot oder massenhafte Einwanderung von Menschen in das Territorium eines anderen Volkes. Es ist gut möglich, daß, was innerhalb einer Transaktion als Abirren erscheint, in Wahrheit Reaktion auf noch nicht identifizierte und benannte Ereignisse im weiteren Kontext ist. Die Abirrung kann sogar eine Anpassung darstellen, von der der Fortbestand einer Gruppe, einer Tradition oder einer Art abhängt.
Im Hinblick auf diese Möglichkeit und die hier skizzierte Systemtheorie des Verhaltens sind bestimmte althergebrachte Praktiken der westlichen Gesellschaften nicht nur unbegründet, sondern auch fehlangepaßt; man denke nur an die Praktiken der Schuld- und Kausalzuschreibung.

Schuldzuschreibung

Wenn Änderungen von Verhalten auftreten, haben abendländische Menschen die Gewohnheit, nach einem Objekt zu suchen, dem sie die Schuld anlasten können. Der Sündenbock können die Götter sein, das Wetter oder schlimme Erbanlagen; mehr als wahrscheinlich ist aber, daß er in einer

Person oder Gruppe gefunden wird, oftmals in Angehörigen einer anderen Kultur oder Mitgliedern derselben Generation, die aber ihr Verhalten in einem anderen Kontextsystem gelernt haben. Aus systemtheoretischer Sicht ist es logisch unmöglich, einem einzelnen Faktor die Schuld für eine Unstimmigkeit im Verhalten zuzuschreiben.

Kausalzuschreibung

Schuld- und Kausalzuschreibung rühren her aus der Gewohnheit, selektiv und voreingenommen nur bestimmte Elemente eines Kontextes zu betrachten und die Kräfte des Menschen gewaltig zu überschätzen. In der westlichen Gesellschaft wird weithin angenommen, menschliches Tun werde durch die Gedanken und Gefühle des Täters verursacht, so als ob dieser über alles, was er tut, eine Entscheidung träfe. Menschliches Verhalten ist jedoch nicht allgemein *transkontextuell.* Um solche Omnipotenzvorstellungen über sein Verhalten zu bewahren, muß der Mensch seinem Kontextverhalten oftmals einen sprachlichen Kommentar anfügen, der die Illusion verstärkt, er habe dies *verursacht.* Tatsache ist dagegen, daß menschliches Verhalten gewöhnlich die höchst automatische Ausführung traditioneller Programme ist oder unbewußtes Reagieren auf Kontextänderungen.

Eine weitausgreifende Veränderung zeigt sich gegenwärtig im Verhalten vieler Amerikaner, besonders in der jüngeren Generation und in den Minoritätengruppen. Diese Menschen haben eine Rhetorik über ihr Verhalten und über die Bedingungen in unserer Zeit ausgebildet. Weithin wird geglaubt, und zwar sowohl von denen, die sich nichttraditionell verhalten, als auch von den Anhängern der traditionellen Ordnung, diese Veränderungen würden durch die Rhetorik verursacht, die sie rationalisiert. So kann man hören, die Radikalen verursachten eine Revolution, während die Konservativen eine solche verhinderten.

Offenbar richtig ist, *daß* Veränderungen geschehen, politische, ökonomische, ökologische, demographische Veränderungen sowie auch in allen anderen Dimensionen der amerikanischen Gesellschaftsordnung. Und es gibt einen sprunghaften Anstieg der Bevölkerungsdichte, der kulturellen Heterogenität, des Informationsumlaufs usw. Diese Veränderungen aber der Post-hoc-Rhetorik über Veränderung zuzuschreiben, ist töricht, denn es lenkt uns ab von der Suche nach den wirklichen Determinanten sozialer Beharrung und Entwicklung.

Wir werden hierauf noch in Teil III näher eingehen; an dieser Stelle war es notwendig, den Begriff der sozialen Ordnung neu zu definieren, der unsere weiteren Ausführungen trägt. Denn wir können Kommunikation und die gesellschaftlichen Funktionen von Kinesik und Sprache nicht begreifen, wenn wir »Wirklichkeit« als Projektion oder Folgewirkung des Geistes ansehen.

d) Die Funktion der Kinesik in der sozialen Ordnung

Bisher wurden in diesem Buch drei Verhaltensmechanismen beschrieben, welche die traditionsgemäßen Aktionen und Transaktionen von Menschen stabilisieren. Wir wollen sie hier kurz noch einmal aufführen:

1. Es gibt eine Anzahl Verhaltensweisen, die in einer Transaktion das Territorium, die Sozialbindungen und die Dominanzhierarchie bewahren, den Vorgang einrahmen (Kapitel 2) und die unmittelbare Umwelt konstant halten (Kapitel 8).
2. Metakommunikative Signale und Zeichen werden gegeben, wo Ambiguität oder Ungewißheit über das Vorgehen herrscht (Kapitel 4).
3. Andere metakommunikative Akte dienen zur Korrektur abweichender Handlungen und bewirken eine Rückkehr in den erwarteten Gang der Handlung.

Wir haben außerdem festgestellt, daß diese Bewegungs- und Haltungszeichen unter gewöhnlichen Umständen relativ unauffällige, beinahe automatische Handlungen sind, die kein Sprechen und keine bewußte Aufmerksamkeitszuwendung erfordern. Spekulativ könnte man folgern, daß Haltungen und Bewegungen die Struktur einer Transaktion bewahren und regulieren, womit es uns möglich wird, Sprache und Denken zu anderen Zwecken zu gebrauchen.

Manchmal kann man hören, Zweck von Kommunikation sei die Übermittlung neuer Informationen oder der Ausdruck individueller Gefühle und Gedanken. Wir müssen natürlich zugeben, daß sowohl Sprache wie auch Körperbewegungen manchmal in diesem Sinne gebraucht werden. Was gewöhnlich geschieht, ist aber, daß *alte* Informationen und Doktrinen an neue Organismen oder Gruppenmitglieder übermittelt und daß diese durch die Übermittlung indoktriniert werden. Jede allgemeine Behauptung, Kommunikation habe den *Zweck* individuellen Ausdrucks oder gesellschaftlichen Veränderns, ist als ein idealistischer Mythos anzusehen — oder aber als politisches Manöver, um uns die Illusion einer Freiheit zu verschaffen, die wir selten wirklich erlangen.

Gewiß, einzelne und kleine gesellschaftliche Gruppen ändern in der Tat von Zeit zu Zeit ihr Verhalten, und diese Änderungen beeinflussen zugleich mehrere Kontexte in der Umgebung, aber nur selten reichen ihre Auswirkungen bis in die Struktur der Gesellschaft selbst hinein. Wo es so scheint als könnten sie dies, kommt es wahrscheinlich zu anderen Transaktionen, die eine Reaktion gegen diese Gefahr bilden und den Status quo wiederherstellen. Eine Akkumulation von Veränderungen, die zusammen eine umfassende Neuorganisation der Gesellschaft bewirkten, ist denkbar, kommt aber in der menschlichen Geschichte nicht oft vor.

Aufgrund der in diesem Buch beschriebenen Daten schließen wir, daß der Zweck kinesischer und territorialer Systeme normalerweise der ist, die bestehende Ordnung zu erhalten.

III

Kommunikation in der institutionellen und politischen Kontrolle

In den Teilen I und II haben wir uns auf die kleineren, informellen Transaktionen in einem locker geknüpften Netz von Sozialbeziehungen konzentriert. Wir haben behauptet, daß Territorial- und Bewegungsverhalten in Gesichtsfeldbeziehungen die Gruppenstruktur aufrechterhalten und den Gang der Ereignisse regulieren können, ohne daß Sprache ins Spiel kommt. Faktisch sind viele solcher regulativen Verhaltensweisen im linguistischen System einer Kultur überhaupt nicht einkodiert und daher auch nicht im Bewußtsein repräsentiert.

Wir können aber menschliche Kommunikation und soziale Kontrolle nicht beschreiben, wenn wir einzig von kinesischem, taktilem oder territorialem Verhalten sprechen. In der menschlichen Gattung hat sich ein System von Sprache und bewußtem Erkennen entwickelt, das für eine Vielzahl regulativer und anderer Zwecke gebraucht wird. Dieses System greift zum Beispiel ergänzend zu den Bewegungs- und Berührungsmonitoren ein, wenn die Ordnung einer bestimmten Transaktion in Gefahr ist. Und Sprache wird gebraucht, um Vorstellungen und Werte von einer Transaktion in eine andere hinüberzutragen. Um in einer Gattung, deren Mitglieder über weite Territorien verteilt sind und sich zu Tausenden und Millionen in Institutionen zusammenfinden, die soziale Organisation aufrechtzuerhalten, bedarf es eines Kommunikationssystems, das nicht auf direkte Sicht und Berührung angewiesen ist.

Hier, in Teil III, werden wir nun die Funktion von Sprache und Denken in einem weiteren Kontext als dem einer einzelnen Transaktion untersuchen. Wir werden uns mit der kontrollierenden Funktion von Sprache* und Denken in der Institution beschäftigen. Die Institution kann, wie der Leser weiß, von beliebiger Größe sein, von der Größe einer Familie bis zu der eines inter-

* Auch Ableitungen von Sprache und Denken spielen in sozialer Kontrolle eine Rolle. Dazu gehören Formen der Kunst, die Schrift, die Kodes und die Inhalte der Massenmedien. In diesem Buch aber werden wir uns in erster Linie mit Sprache und Denken befassen.

nationalen Kartells. Den Terminus »Politik« werden wir hier in einem sehr allgemeinen Sinne für jederlei Verhalten gebrauchen, durch das Menschen Kontrolle über sich selbst und über andere ausüben. Wir konzentrieren uns auf drei politische Anwendungen des Kommunikationssystems:

1. Institutionen erlegen traditionell der *Mobilität und dem Verhalten* ihrer Mitglieder Beschränkungen und Regeln auf (Kapitel 10).

2. Jede Institution hat spezifische *Ideensysteme* entwickelt, die in Symbolen, Slogans und Doktrinen repräsentiert sind. Die Mitglieder der Institution werden indoktriniert, an diese ausgewählten Ideen zu glauben; die Informationen werden also in einer Institution sorgfältiger kontrolliert als in einer Gruppe von Gleichrangigen oder Freunden (Kapitel 11).

3. In der westlichen Tradition benutzen Institutionen Schuldzuschreibungsprozeduren, durch die einzelne oder Fraktionen zu *Sündenböcken* für Kontextprobleme ernannt werden (Kapitel 12).

10

Mobilitätskontrolle

In den folgenden Merkmalen funktioniert eine Institution annähernd wie jede andere Tiergesellschaft auch:
Erstens treffen in dem Territorium der Institution eine Anzahl Gesichtsfeld-Gruppierungen zusammen und führen die verschiedenen institutionellen Transaktionen aus, z. B. Zeremonien, Arbeiten, Ausschußsitzungen usw. Jede solche Zusammenkunft wird von derselben Programmierung und demselben Metaverhalten gesteuert, die wir schon in den informelleren Zusammenkünften von Freunden oder Bekannten aufgezeigt haben (Teil II). In der Institution wie in jeder Tiergesellschaft steht den Transaktionen gewöhnlich ein Mitglied vor, das in der Dominanzhierarchie einen höheren Rang hat. Die Gebräuche und Verfahrensregeln können vermittels starker Sanktionen durchgesetzt werden. Ist die soziale Ordnung in jeder der Subgruppen gewahrt, so ist damit weitgehend auch die allgemeine Ordnung der Institution gewahrt.
Zweitens wird die *horizontale* Mobilität der Mitglieder über die Grenzen der Institution immer mindestens in einem gewissen Maß kontrolliert. Diese Kontrolle kann total sein wie im Falle von Gefangenen, von Soldaten oder von Kleinkindern in der Familie, oder sie kann partiell sein wie in den meisten Religionsgemeinschaften, in Firmen oder Staaten.
Auch die *vertikale* Mobilität der Mitglieder wird von der Institution kontrolliert. Machtstruktur und Statushierarchie in einer menschlichen Institution mögen komplizierter sein als die Dominanzhierarchie in anderen Säugetiergesellschaften, aber das Prinzip ist das gleiche. In menschlichen Institutionen kann ein idealisierter Mythos der Gleichheit und ein Glaube bestehen, wonach alle Mitglieder bis in die Spitzenpositionen aufsteigen könnten, faktisch aber verengt sich die Struktur aufwärts auf immer weniger Personen. Die Mobilität nach oben wird sorgfältig auf diejenigen beschränkt, deren Verhalten gewissen Normen gerecht wird.

a) Kontrolle horizontaler Mobilität

Im Vergleich zu anderen Primaten ist der Mensch mobiler, sowohl horizontal über Territorialgrenzen hinweg als auch vertikal in der Dominanzhierarchie, aber der Unterschied ist relativ. Dieselben Grundmechanismen der Mobilitätskontrolle sind auch unter Menschen am Werk.

Horizontal werden Paare von Menschen zusammengehalten und institutionalisiert durch wechselseitige Verbundenheit, rechtliche Abmachungen und den Mythos der romantischen Liebe.

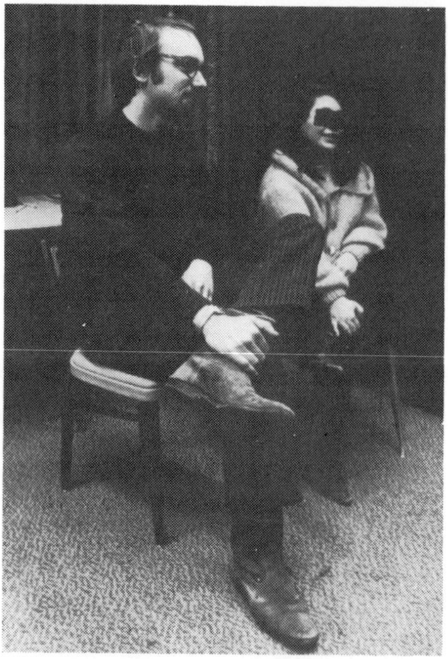

Institutionelle Partner treten in der Öffentlichkeit zusammen auf, zeigen ihre Verbundenheit durch Seite-an-Seite-Positionen, Haltungsparallelismen und synchrone Bewegungen.

Liebes- und Ehepartner pflegen sich oft zu berühren. Es ist nicht immer klar, ob die Berührung eine Affiliations- oder eine Monitorgeste ist.

In der amerikanischen Mittelklassenmythologie werden diese Phänomene übersimplifiziert oder reduktionistisch erklärt.* Wir sagen, es sei ein Instinkt der Liebenden, daß sie einander nahe sein wollen, oder wir sagen, Eifersucht sei ein primärer Trieb. Tatsache ist aber, daß die Monogamie ein abendländisches Phänomen und daß die romantische Liebe eine Erfindung des Mittelalters ist. Es kann also sehr wohl sein, daß die Menschen zuvor diese Arten des Affiliationsverhaltens erst einmal *lernen* mußten.
Die kleinste institutionelle Einheit ist die Familie. In den meisten amerikanischen Subkulturen sind die Erwachsenen in sehr kleine Familiengruppen eingebunden.

> Das folgende Muster herrschte vor der industriellen Revolution in den meisten Kulturen vor: Das Kind wuchs auf im Wohnsitz einer erweiterten Großfamilie mit fünfzehn bis fünfundsiebzig Angehörigen. In dieser Gruppe hatte es einen relativ großen Beziehungsspielraum. Nach Eintritt der Geschlechtsreife konnte es eine Rolle in seinem Clan und Werbungspartner in den benachbarten Clans finden. Dieses Muster besteht in manchen ethnischen, ländlichen Gruppen im heutigen Amerika noch fort, die vorherrschende Tradition aber verlangt getrennte Kernfamilien-Haushalte. Das Kind hat daher in Schule und Nachbarschaft Beziehungen zu einer geringeren Zahl von Erwachsenen und Gleichaltrigengruppen.

Im allgemeinen wird dem Kind mit zunehmendem Alter mehr horizontale Mobilität gestattet. Zur gleichen Zeit jedoch lernt es Territorialgrenzen kennen.

> Der Bewegungsspielraum des Kindes beschränkt sich zunächst auf das Haus, dann auch auf den Hof, sofern vorhanden. Dann muß es eine Zeitlang im selben Häuserblock bleiben, später in der unmittelbaren Nachbarschaft. Auch wenn es älter wird, werden ihm noch Restriktionen beigebracht, die teils ethnisch, teils institutionell sind. Es kann zum Beispiel angewiesen werden, nicht mit Katholiken- oder Judenkindern oder mit schwarzen Kindern zu spielen. In den Innenstadtbezirken werden solche Territorialbeschränkungen auch von außen durch Nachbarschaftsbanden und ethnische Enklaven erzwungen. Es gibt Nachbarschaften, in die sich zu begeben für die Mitglieder anderer Gruppen zu gefährlich ist.

---

* Reduktionismus bedeutet Isolieren eines einzelnen Elements oder Faktors aus einem komplexen Geschehen oder Phänomen und Herausstellen dieses Faktors als *die* Ursache oder Erklärung. Das Gesamtbild wird so ignoriert oder verschleiert. Ergebnis des Reduktionismus ist eine Teilwahrheit, die dazu dienen kann, ein schon bestehendes Vorurteil zu bestätigen.

Diese Einschränkungen werden durch territoriumsverteidigendes Verhalten und kinesische Monitoren durchgesetzt und mit Straf- oder Vergeltungsdrohungen verstärkt. Sie werden weiter verstärkt durch ethnozentrische Ideen über die Rechtschaffenheit oder Überlegenheit des eigenen Volkes.
Vier Kreise schränken in erster Linie die laterale Mobilität in der menschlichen Entwicklung ein:
Die Zweierbeziehung. Das Kind ist während der ersten Lebensmonate auf die Einzelbeziehung zu seiner Mutter beschränkt. Auch Erwachsene verbinden sich in Primärgruppen zu zweit, aber außer in der Kindheit ist normalerweise niemand auf einen einzigen Sozialpartner beschränkt.
Die Familie. Das Kleinkind ist im wesentlichen auf seine engsten Familienangehörigen beschränkt. Man kann die Familienbindung sein ganzes Leben lang aufrechterhalten, aber wenn man älter wird, ist man in der Regel nicht gezwungen, in der Familie zu bleiben.
Die Gleichaltrigengruppe. Ältere Kinder und Heranwachsende entwickeln meist starke Verbundenheit mit Gleichaltrigen. Diese Beziehungen scheinen notwendig zu sein als Rückhalt und Lernerfahrung im Übergang von der ursprünglichen Familie zu neuen Beziehungen, zur Ehe und zum Berufsleben.

Familienangehörige oder andere nahestehende Personen zeigen Schmerz oder Kummer, um andere vom Weggehen abzuhalten.

Die Institution. Ältere Kinder und Erwachsene gehören einer Reihe von Institutionen an, wie Vereinen, Schulen, Firmen, Berufen, Staaten und Bundesstaaten, Innungen, Gewerkschaften, Kirchen usw. In der Regel kann ein und derselbe Mensch vielen Institutionen angehören, er ist nicht auf eine einzige beschränkt. Manche Institutionen aber verlangen volle Hingabe und ausschließliche Mitgliedschaft in irgendeiner Form.
Viele Menschen bleiben in ihrer Mobilitätserweiterung an einem Punkt stehen. Manche Kinder bleiben so über viele Jahre hin ausschließlich einem Elternteil verbunden. Andere bleiben in der Familie, die für sie eine totale Institution darstellt. Wieder andere bleiben in einer bestimmten Freundesgruppe gefangen, und manche gehören ausschließlich und hingebungsvoll einer einzigen Institution an.
Mobilitätseinschränkungen werden kinesisch signalisiert.

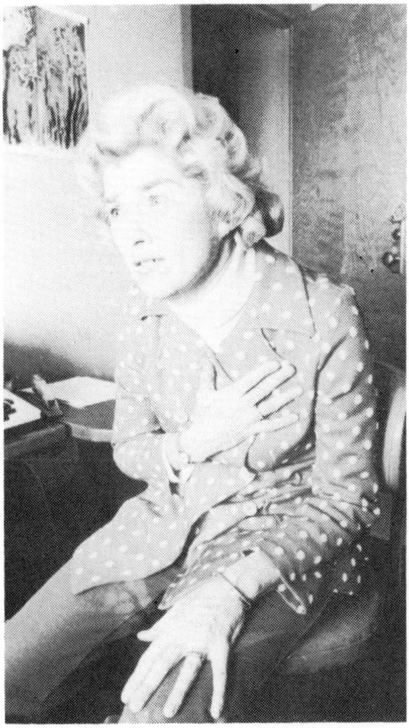

Die Androhung einer »Desertion« wird oft als Verstoß gegen eine institutionelle Norm verstanden und kann bei Müttern ein klassisches Monitorsignal auslösen. Die Hand wird aufs Herz gelegt, ein Ausdruck schmerzlichen Schreckens oder Entsetzens dargeboten und ein Seufzer ausgestoßen. Dies übermittelt eine Warnung, sie werde, vom Schicksal hart getroffen, an gebrochenem Herzen sterben (vgl. Kapitel 14).

Diese an sich schon zwingenden Monitoren werden noch durch Grundsätze bezüglich Loyalität und Desertion verstärkt. Die Indoktrination in institutionelle Bindungen während seiner Kindheit führt dazu, daß sich der Erwachsene, wenn er seine soziale Gruppe verlassen wollte, gewöhnlich über drei Vorbehalte hinwegsetzen müßte:

1. Er glaubt, denen, die er verläßt, oder auch der Institution selbst zu schaden.
2. Man hat ihn gelehrt zu glauben, daß er außerhalb der Institution nicht leben könne.
3. Oft glaubt er, die Außenstehenden würden ihn nicht mögen und traut ihnen nicht.

b) Kontrolle vertikaler Mobilität

Theoretisch kann jedermann bis in die obersten Ränge der Machtstruktur jeder beliebigen Institution aufsteigen, einschließlich der Bundesregierung. In Wirklichkeit wird der Aufstiegsprozeß aber von der in der Institution bestehenden Hierarchie und bis zu einem gewissen Grade auch von der Mitgliedschaft insgesamt kontrolliert.

> Wer die Loyalität, die Befähigung und die parakommunikativen Eigenschaften besitzt, die in einer Institution geschätzt werden, kann die Leiter des Aufstiegs erklimmen. Aber an der Spitze sind nur soundsoviele Plätze frei.
> Die Nichtauserlesenen sind vielleicht nicht genügend akkulturiert, kommen nicht aus der Mittelklasse, haben nicht die rechten Umgangsformen oder kein Charisma, sind nicht loyal genug oder an Aufwärtsmobilität zu wenig interessiert.
> Vielen anderen fehlen die Bildungs- oder Ausbildungsqualifikationen für die höheren Positionen. Das kann besagen, daß sie früher in einer der vorbereitenden Institutionen gescheitert sind, was wiederum eine Folge ihrer Hautfarbe, ethnischen Herkunft, Klassenzugehörigkeit, des Familieneinkommens, der politischen Verbindungen usw. sein kann.

Viele Menschen, deren Mobilität auf den Aufstiegsleitern der verschiedenen Institutionen blockiert ist, halten sich aus den Institutionen überhaupt heraus. Diese Personen können entfremdet sein oder auch nicht, und sie können auf diese Weise viel an horizontaler Mobilität gewinnen oder auch nicht.

c) Verhaltenskontrolle

Ist ein Institutionsmitglied ausreichend indoktriniert worden, so läßt sich sein Verhalten bei den Transaktionen der Institution leicht durch Symbole

(Kapitel 11), kinesische Monitoren und durch Maßnahmen von Kollegen und Vorgesetzten kontrollieren.
Werden kinesische Monitoren von Personen mit Autorität oder genügend hohem Status gebraucht, so tun sie ihre Wirkung, ohne daß ein Wort gesprochen werden müßte.
Die Institution gibt ihre Erwartungen, wie sich ein Mitglied verhalten soll, *offiziell* bekannt; der einzelne wird nach seiner Fähigkeit und Bereitschaft bewertet, diesen Erwartungen nachzukommen. *Inoffiziell* wird er aber auch nach seinen parakommunikativen Eigenschaften bewertet. Ein Beispiel:

> Ein Ausschuß von leitenden Ärzten diskutierte lange darüber, ob ein bestimmter jüngerer Kollege für die Leitung eines neuen Programms kompetent sei. Die eine Gruppe hielt ihn für zu jung und unerfahren, die andere hielt ihn für außerordentlich fähig.
> Ein Faktor in dieser Spaltung war klar. Der umstrittene Kandidat trug die formlose Kleidung und das lange Haar der jüngeren Generation von Liberalen, ein Verstoß, der die konservativeren Kreise der Mediziner stark berührte. Man konnte ziemlich genau erraten, wie die einzelnen Ausschußmitglieder abstimmen würden, einfach indem man sich *ihre* Aufmachung ansah.

Ein Charakteristikum von Institutionen ist ihre geringe Toleranz für parakommunikative Abweichungen. Nicht traditionsgemäße Merkmale von Kleidung, Sprechweise, Geschlechtsrolle, Hautfarbe, ethnischer Zugehörigkeit und Familienherkunft dienen so als Grundlage für negative Werturteile.

Bewertungsmonitoren

In jeder sozialen Gruppe werden die Mitglieder von Gleichgestellten und von Ranghöheren bewertet. Diese Bewertungen werden in speziellen kinesischen Monitoren dargestellt, auch dann, wenn sie nicht formuliert werden.

Hier sehen wir den weitverbreiteten weiblichen Gesichtsausdruck leichter Verachtung oder Geringschätzung

Und hier ist ein Monitor, mit dem Männer eine negative Wertung anzeigen.

Infolge der lebenslangen Furcht vor Mißbilligung und Verurteiltwerden und der wirklichen Bedrohung durch die Macht der Institutionen kann der negative Monitor äußerst wirksam sein.

d) Sanktionen

Die Institution überläßt die Erzwingung von Konformität nicht ganz dem ungewissen Spiel der Indoktrination und der kinesischen Monitoren. Diese Prozesse werden abgestützt durch Systeme von Macht und Sanktionen. Denen, die sich den Normen der Institution fügen, werden gewisse Belohnungen versprochen.

> Es werden ihnen regelmäßige Einkünfte, gesicherte Stellungen und Sozialleistungen versprochen. Den aufwärtsmobilen und ehrgeizigen Mitgliedern werden Beförderungen versprochen, die größere ökonomische Vorteile, höheren Status oder mehr Macht mit sich bringen. In manchen Fällen wurden auch ein ewiges Leben und Vorteile nach dem Tode versprochen.

Denen, die den Normen nicht gerecht werden, werden bestimmte negative Sanktionen erteilt.

> Entlassung oder Kaltstellung ohne Beförderung sind die geläufigsten offiziellen Strafen.

Die Sanktionen einer besonderen Institution können für den Normverletzer hinsichtlich seiner Chancen in der Gesamtgesellschaft sehr folgenschwer sein.

> Wenn er zu Beginn seiner Karriere in einer Institution keinen Erfolg hat, so schließt ihn das von der Ausbildung in anderen Institutionen aus und verurteilt ihn zu ungelernten Arbeiten.
> Wird er in einer Institution negativ bewertet, so verfolgt ihn dieses Urteil auch in andere Institutionen. In der Sprache der Zeugnisschreiben kann schon schwaches Lob eine Verurteilung aussprechen.
> Wenn er nicht fähig ist, sich in seinem Beruf finanziell zu verbessern, so schließt ihn das vom Wohnen in bestimmten Nachbarschaften und von der Mitgliedschaft in angesehenen Geselligkeitsinstitutionen aus.

Wo Sanktionen zur Verhaltenskontrolle nicht ausreichen, können Institutionsmitglieder auf direkte Machtausübung zurückgreifen.
In Amerika tun die meisten Institutionen so, als würden sie von demokratischen Prozessen gesteuert, der Machtgebrauch bleibt daher meist verschleiert. Zum Beispiel:

> Komitees werden beauftragt, Pläne auszuarbeiten und durchzuführen. Wenn diese den Machtträgern nicht passen, werden sie auf höherer Ebene unter einem Vorwand, etwa wegen Mangels an Geldmitteln, abgelehnt. In solchen Manipulationen verkleiden die Amtsträger die Arbeitsweise der Institution. Vorschläge, die sie billigen, werden angenommen, solche, die sie mißbilligen, werden treppauf an die höheren Instanzen weiterverwiesen.

Inkongruenz

Die Sanktionsandrohungen decken sich oft nicht mit den Idealen der Institution. *Während die Kontrollmaßnahmen der Institution kinesisch durchgesetzt werden, kann das Sprachsystem dazu benutzt werden, demokratische Prozesse und freie Entscheidungen vorzuspiegeln, wo es sie faktisch nicht gibt.* Sprachgläubige Institutionsmitglieder bemerken so nicht, was vorgeht. Die kinesischen Regulatoren gewinnen aus dieser Inkongruenz einen großen Teil ihrer Kraft.
In dieser Hinsicht hat McLuhan (1968) den audio-visuellen Medien eine kritische Rolle in der gegenwärtigen Kulturrevolution zugeschrieben. Der Verfasser glaubt nicht, daß die Sache so einfach ist, wie McLuhan behauptet;

tatsächlich nehmen aber Menschen, wenn sie einmal menschliches Verhalten *beobachten,* die einfachen Reduktionismen in Sprache, Propaganda, Religion und Politik nicht mehr so leicht für bare Münze. Seit dem Aufkommen des Fernsehens ist es nicht mehr möglich, die Erfahrungen der jüngeren Generation im Sinne der institutionellen Doktrinen einzuschränken. Die Menschen entdecken Alternativformen des Verstehens.

11

Gedankenkontrolle

Institutionen besitzen Symbole, die auf ihr System von Überzeugungen, Normen und Mythen verweisen. Diese werden jedem Institutionsmitglied beigebracht, sie werden zu seinen »eigenen« Gedanken.

a) Indoktrination

Lernen wie man lernt

Das Kind wird in eine Institution, die Familie, hineingeboren. Hier erlernt es die Grundlagen für die Indoktrination.

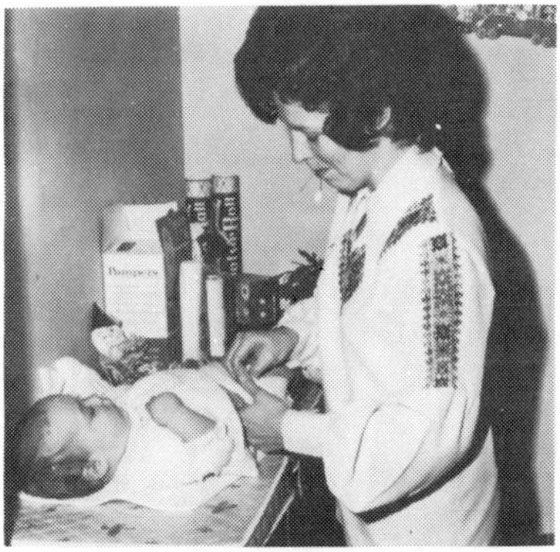

Das Kind wird von Geburt an gepflegt und in die Mutter-Kind-Beziehung eingebunden. Diese Bindung überträgt sich allmählich auf erweiterte Handlungsspielräume. Wenn dieser Bindungsprozeß nicht erfolgreich verläuft, wird die Lernfähigkeit des Kindes schwer beeinträchtigt.

Ein amerikanisches Kind erlernt schon in frühem Alter die Grundlagen seiner Kultur. Es lernt sprechen und es lernt die pointierten Mythen der Kultur in Form von Märchen und ähnlichem. Es lernt an Doktrinen zu glauben und es lernt auch die Anfangsgründe des Ethnozentrismus.

Gehört das Kind einer Mittelklassenfamilie oder einer sich zur Mittelklasse zählenden Familie an, so lernt es auch etwas über Aufwärtsmobilität und entwickelt die Motivation zu lernen und voranzukommen. Es ist nun so weit, daß es in die Schule kommt.

Akkulturation

Zu Hause und in der Schule lernt es die Überzeugungen und Verhaltensweisen der vorherrschenden Kultur.

Es lernt Disziplin und Belohnungen kennen. Es lernt manche Kommunikationsmedien kennen — Schrift, Sprache und Rechnen. (Es wird belehrt, manche der in Amerika gesprochenen Dialekte seien unrein. Es soll einen Dialekt lernen, der »gutes Englisch« heißt.) Es lernt die amerikanischen Versionen von Geschichte, Ökonomie usw.

Sobald das Kind eine Vorstellung von institutionellen Programmen erworben hat, führt es zusammen mit anderen Kindern solche Programme aus — was man »Spiel« nennt. Hier sehen wir Kinder »Schule« spielen.

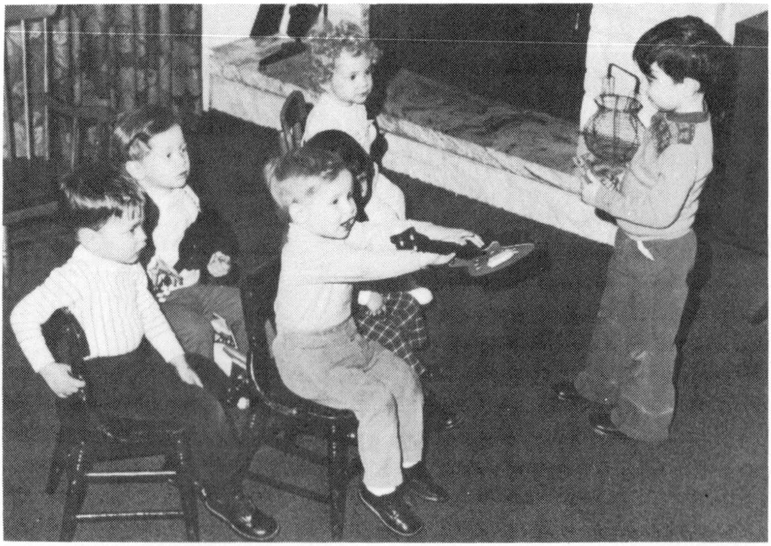

Wenn das Kind in die Institutionen der Erwachsenen eintritt, ist die Einübung in spezifische Überzeugungen gewöhnlich ganz leicht, sofern es zu Hause und in der Schule darauf gut vorbereitet worden ist.

b) Symbolgestalten

Viele Institutionen und Bewegungen haben spezielle Gesten entwickelt oder erfunden, welche die Institution und ihre Werte symbolisieren. Militärische Grußformen, der Flaggengruß mit dem Hut auf dem Herzen, der Pfadfindergruß und andere sind bekannt. Das katholische Kreuzeszeichen und der taktile Hautkontakt in der schwarzen Kultur sind andere Beispiele für symbolisch kinesische Formen

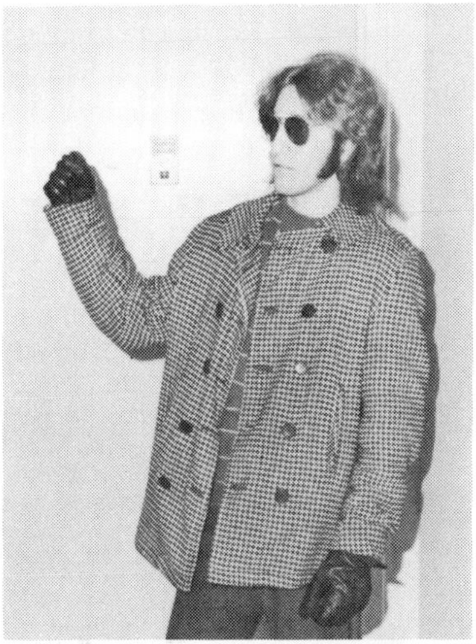

Ein erst in letzter Zeit populär gewordenes Beispiel ist der Gruß »Alle Macht dem Volk!«.

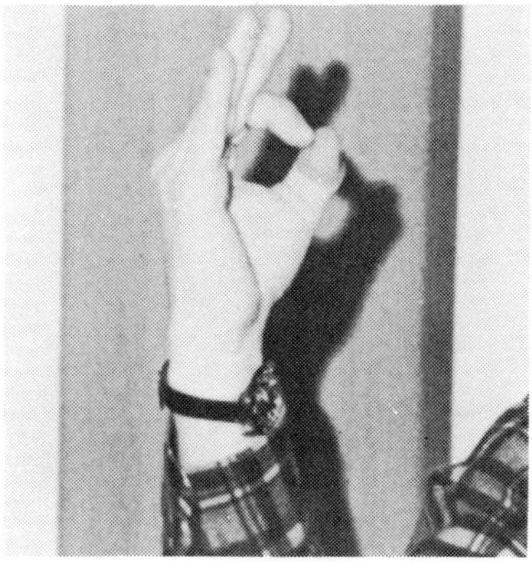

Firmen haben kinesische Gesten entwickelt, die ihre Produkte repräsentieren. Diese hier schärft uns die Vorzüge einer Biersorte ein.

Efron (1941) und Ekman und Friesen (1969) bezeichnen symbolisch kinesische Gesten als »Embleme«. Wir sprechen also von Institutionsemblemen.

Weniger auffällig sind manche Gesichtsgebärden, die anscheinend wie Embleme wirken. Vermutlich waren dies früher einmal Elemente einer religiösen oder einer anderen institutionellen Zeremonie in einer bestimmten ethnischen Gruppe. Welches auch ihr Ursprung sein mag, diese Signale sind akkulturierten Mittelklassenamerikanern beliebiger ethnischer Herkunft bekannt.

> Das Aneinanderlegen der Handflächen, die Gebetshaltung, der Blick an die Decke vor einer feierlichen Aussage und das Lächeln christlicher Milde sind unter weißen Angloamerikanern geläufig. Diese vollführen auch eine Körpergebärde beim Geltendmachen von Autorität oder als Äußerung des Anstoßnehmens, die mit der kalvinistischen und militärischen Tradition zusammenhängt. Der ganze Körper wird aufgerichtet und versteift, der Kopf zurückgelegt, so daß der Unterkiefer vorspringt, und der Blick die Nase entlang abwärts gerichtet.
> In der aschkenasisch-jüdischen Tradition wird bei einer autoritativen Aussage der Kiefer nur leicht vorgeschoben, aber der Hals zurückgenommen, so daß die Kinnbacken vorspringen. Die Hand wird erhoben und streicht über das Kinn (Birdwhistell, 1963).

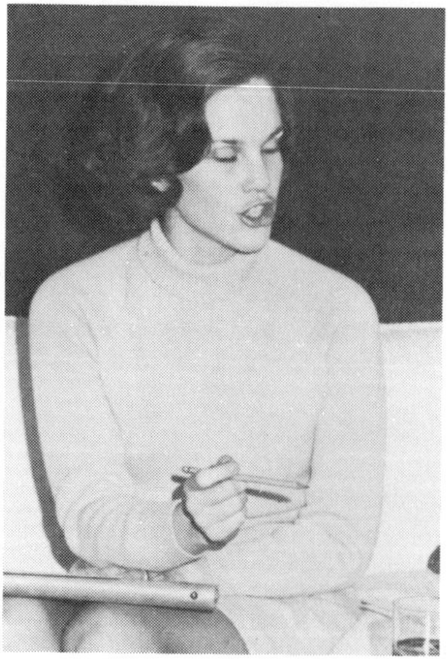

Hier ist eine kinesische Gebärde, die meiner Ansicht nach britisch-amerikanisch ist. Diese Frau schlägt ein bestimmtes Verfahren vor, dabei zeigt sie mit dem Finger vor sich und klappt die Lider herunter. Dieses Metasignal scheint ungefähr zu besagen: »Wenn Sie nicht einsehen, wie vernünftig das ist, es so zu machen, dann sind Sie aber ganz schön naiv.«

Die Überzeugungen und Werte der Institutionen sind noch in vielerlei anderen Kommunikationsmodalitäten symbolisiert. Man braucht kaum zu betonen, daß diese Symbole höchst eindringlich, redundant und allgegenwärtig sind.

Die Institutionen gebrauchen Stander, Flaggen, Insignien, Symbolfarben, Führerbilder, Warenzeichen usw. Die Mitglieder tragen Uniformen, Medaillen, Insignien, einen bestimmten Haarschnitt, Kleidung in einem bestimmten Stil.

Die Orte der institutionellen Transaktionen sind charakterisiert durch besondere Möbel, Grundrisse und Architekturmerkmale, die zu Symbolen für die dort stattfindenden Transaktionen geworden sind.

In jeder speziellen Umwelt können die Institutionsmitglieder bestimmte Worte, Sätze, Wahrsprüche, Lieder und Glaubenssätze gebrauchen, die schließlich mit dem Gesamtkontext eins werden.

Diese Symboldarbietungen geschehen auf allen Ebenen der gesellschaftlichen Organisation. Manchmal verlaufen sie relativ harmonisch, manchmal tumultuarisch.

Die kleineren institutionellen Gruppen, wie Familie, Geselligkeitszirkel, Arbeitsgruppe, stehen unter dem Einfluß von Gewerkschaften, Kirchen, örtlichen politischen Institutionen und ähnlichem mehr. Diese örtlichen Institutionen werden von gesamtstaatlichen beeinflußt, und diese wieder von der Bundesregierung. Und die Bundesregierung steht unter der Kontrolle der großen multinationalen Unternehmungen und der wirtschaftlichen Interessengruppen.

Die Werte und Überzeugungen auf allen diesen Ebenen stimmen in wechselndem Grade miteinander überein.

c) Der ideologische Kontext der Symbole

Das Symbolsystem steht für bestimmte Ideen.

Der amerikanische Adler steht für Freiheit und Macht. Das Kruzifix steht für Christi Leiden und Sterben für unsere Sünden, das Warenzeichen steht für die Güte des Produkts.

Die Symbole der Institution können für ihre idealen Maximen stehen und zugleich für ihre Machtpolitik. Dafür sowie für die Macht und die Komplexität der Symbolik im allgemeinen ist die amerikanische Flagge ein gutes Beispiel.

Die Büste des Bürgermeisters LaGuardia erinnert uns daran, daß ein armer Bursche es weit bringen kann. (Wenn er hart arbeitet und tüchtig ist, kann er die höchste aller Belohnungen erringen — er kann Bürgermeister von New York werden.) Aber diese Büste, die so imposant den Raum beherrscht, kann uns ebensogut auch die Macht eines Bürgermeisters über seine Wähler vergegenwärtigen.

Die Symbole einer Institution und die Ideen hinter den Symbolen mögen sehr kompliziert sein und sind doch immer noch reduktionistisch. Sie stellen nur ausgewählte Aspekte aus der menschlichen Erfahrung und aus den vielen möglichen Betrachtungswisen dar. Historisch gesehen repräsentiert eine Institutionsmaxime eine Schrittfolge von Ideenselektionen. Unter den Überzeugungen der westlichen Gesellschaft allgemein schreibt sich jeder einzelne Staat die eine oder andere aufs Panier, darin wieder streicht eine bestimmte Firma oder ein Verein einen Nebenaspekt heraus und so fort.

Die »Wahrheiten« der westlichen Gesellschaft

Nur bestimmte Aspekte der Welt und nur bestimmte Verhaltensweisen sind im Verlauf der menschlichen Geschichte identifiziert und benannt worden. (Nur solche Phänomene, deren ein Volk sich bewußt ist, werden in die Sprache enkodiert, und nur was enkodiert ist, wird bewußt zum Gegenstand menschlicher Kommunikation gemacht.) Zum Beispiel waren die modernen Theorien astronomischer Systeme bis etwa 1800 nicht in der Sprache repräsentiert. Und Informationen über Kinesik, Dominanz und Territorialität sind erst vor sehr kurzer Zeit sprachlich enkodiert und damit allgemein wißbar geworden. Zuvor funktionierte dieses sozialregulative System außerhalb der menschlichen Bewußtheit.

Hinzu kommt, daß in der aristotelischen Tradition — dem Reduktionismus — bestimmte Überzeugungen, Deutungen oder Erklärungen aus der Gesamtheit des bekannten Wissens herausgegriffen und mit dem Rang »wirklicher« oder absoluter Wahrheiten bekleidet wurden. Andere Alternativen wurden zu Irrtümern gestempelt, nicht gelten gelassen und in manchen Fäl-

len aus Sprache und Bewußtsein getilgt.* Dieses selektive Abstrahieren ist seit den Tagen des Aristoteles die Domäne von Patriziern gewesen. (Aristoteles sagte, Sklaven und Handarbeiter hätten zu viel zu tun, als daß sie absoluten Wahrheiten nachgehen könnten.)
Alle reduktionistischen Selektionen werden rationalisiert durch einen Glauben an die philosophische Berechtigung des Reduktionismus als solchem. Bis in die Epoche der Systemforschung hinein wurde in Amerika weithin angenommen, der Reduktionismus sei der Gipfelpunkt allen Denkens, Forschens und Erziehens.

Kontrolle der Ideenselektion

In der Entwicklung des symbolisch-lexikalischen Systems geschieht ein weiterer Schritt. Wenn die Reduktionen geglaubt werden sollen, müssen sie gegen dissonante Informationen und Alternativerfahrungen geschützt werden. Es gibt einige klassische Formen, in denen dies erreicht wird:

Ausschließung von Alternativen. Alternative Auffassungen werden nicht gelehrt oder besprochen. Manchmal werden sie auch verboten, und den Institutionsmitgliedern wird eingeschärft, nicht mit Personen aus anderen Institutionen, die wesentlich andere Auffassungen haben, zu sprechen oder umzugehen. In einem extremen Beispiel werden die Mitglieder in Klöstern eingeschlossen gehalten.

> Manche Schriften sind unerlaubt. (Z. B. durften katholische Laien bis zum 17. Jahrhundert nicht die Bibel lesen.) Andere sind erlaubt, aber zensiert und gemäß einem amerikanischen oder protestantischen Standpunkt umgeschrieben. (Beispiele sind die Schulbücher für Geschichte und Ökonomie. In manchen kirchlichen Schulen fehlt immer noch die Behandlung der Evolution in den Biologiebüchern.) Kurz, die Institutionen versuchen glauben zu machen, es gebe keine Alternativansichten.

Wenn es nicht möglich ist, Alternativen zu leugnen oder widersprüchliche Erfahrungen zu verhindern, wird die Dialektik korrumpiert. Es werden Alternativen zugelassen, aber die eine wird als falsch oder absurd abgestempelt und mit gräßlichen Folgen in Zusammenhang gebracht. Die Alternative zum

---

* Whorf (1963) schreibt der Struktur der Sprache großen Einfluß auf das Denken eines Volkes zu. Zum Beispiel schränkt die Sequenz Subjekt-Verb-Objekt in der Grammatik der westlichen Sprachen das Denken auf das Erkennen von Aktion-Reaktion-Zusammenhängen ein. »Ich tue ihm etwas, er tut mir etwas.« Diese Vorstellung über die Natur menschlicher Beziehungen liegt den Prozessen der Schuldzuschreibung und der Bindung zugrunde, mit denen wir uns in Kapitel 12 beschäftigen.

Gottesglauben ist das Fegefeuer und der Verkehr mit dem Teufel. Die einzige Alternative zum amerikanischen Kapitalismus ist der totalitäre Kommunismus.

Unfehlbare Autorität. Es wird gelehrt, eine bestimmte Überzeugung sei göttlichen Ursprungs oder Ergebnis »*der* wissenschaftlichen Methode«.

Ausnutzung der Sprachstruktur. Eine andere Taktik der Gedankenkontrolle ist der Gebrauch der Sprachstruktur zur Einzäunung der Ideen und Ausschließung von Alternativen.

> Wenn eine Aussage dahingeht, daß das Satzsubjekt dies oder das *ist,* wird die Möglichkeit anderer Alternativen damit ausgeschlossen. Die Aussage »Gott ist die Liebe« z. B. bedeutet, daß er nichts anderes ist. Der bestimmte Artikel »der, die, das« wird ähnlich gebraucht. Wenn wir sagen »*die* Universität«, »*das* moralische Verhalten«, »*die* therapeutische Methode« oder »*die* Wissenschaft«, so schließt das ein, andere Universitäten oder Methoden gäbe es nicht — oder doch keine, die moralisch, wertvoll oder überhaupt erwähnenswert wären. Alle anderen Methoden sind dann vermutlich *un*therapeutisch oder *un*wissenschaftlich.
> Auch Adjektiv- und Verbkonstruktionen sind nützlich für die Formulierung reduktionistischer Aussagen: »der *Allzweck*-Reiniger«; »wir *befreien* das Volk von Vietnam« und deshalb führen wir »*Verteidigungs-Bombardements*« durch (vgl. Marcuse, 1967).

Die »Wahrheiten« der Institution

Die Wahrheiten der westlichen, einschließlich der amerikanischen Kultur sind in den vergangenen Zeitaltern sorgsam für uns ausgewählt worden, manchmal durch bewußte politische Entscheidungen, manchmal durch dunklere Prozesse. *In den spezifischen Institutionen dieser Kultur werden weitere Selektionen vollzogen.*

Ethnozentrische Selektion. Die Institution wird vielleicht von einer bestimmten ethnischen Gruppe, einer Religion oder bestimmten Berufen kontrolliert. In diesem Fall müssen die Reduktionen mit den traditionellen Überzeugungen der kontrollierenden Gruppe übereinstimmen.

Strategische Selektion. Eine Institution verlangt oder erlaubt auch Tätigkeiten, die mit ihren Idealen oder verlautbarten Doktrinen nicht übereinstimmen. Diese werden von den Mitgliedern insgeheim oder sogar unbewußt vollführt. Diese Aspekte der Institutionsideologie werden nicht öffentlich oder auch nur allen Mitgliedern bekanntgegeben, sie sind vielleicht nicht einmal dem innersten Kreis der Eingeweihten klar bewußt. Die verlautbarte Ideologie der Institution wird so strategisch aus der Gesamtheit ihrer politischen Grundentscheidungen ausgewählt.

Damit will ich natürlich nicht behaupten, daß die Macht der Institution den Mitgliedern der unteren Ebenen diese Einschränkungen *aufzwingt.* Dies wäre ebenfalls eine reduktionistische Sichtweise. Die Machtträger in den Institutionen genießen wohl mehr Privilegien als die einfachen Mitglieder, aber alle wirken gemeinsam mit an der Einschränkung des öffentlichen Denkens und Verhaltens. Eine entwicklungsgeschichtliche Tradition der Gedanken-, Sprach- und Verhaltenskontrolle hat die moderne Institution hervorgebracht und hält sie noch immer am Leben, während die Mitglieder und Führer kommen und gehen.

d) Denken

»*Institutionsdenken*«

Das indoktrinierte Mitglied kommt schließlich so weit, daß es in der Ideologie der Institution *denkt* und sich daher selbständig an deren Normen ausrichten kann. Für den Sprach- oder Wortgläubigen* wird das lexikalisch-symbolische System seiner Institution zum kognitiven und affektiven System. Immer wenn er von Alternativen hört oder wenn ihm die Anpassung mißlingt, erinnert er sich gefühlvoll an das ganze Glaubenssystem der Institution. Sein Denken ist »Institutionsdenken«.

Da der kognitive Zuschnitt eines Menschen seine Wahrnehmungen determiniert, kann er bis zu dem Punkt kommen, wo er alternative Möglichkeiten einfach nicht mehr sieht oder Diskrepanzen in der Institution nicht mehr bemerkt.

Wenn die Mitglieder ganz in die Ideologie der Institution eingesponnen sind, kann man darauf vertrauen, daß sie aktiv zur Erhaltung der Institution beitragen werden (aber nicht in Spitzenpositionen). Sie können die Prinzipien der Institution gegen Angriffe von außen schützen, andere Mitglieder vor Abweichungen bewahren, neue Mitglieder anwerben und einweisen. Ebenso wie die Kultur der Institution die Menschen prägt, prägen also die Menschen die Kultur der Institution.

---

* Einer, der der Indoktrination nicht aufs Wort glaubt, hat dagegen mehr Alternativen: 1. Er kann das Spiel mitspielen; 2. er kann die Institution verlassen; 3. er kann, weil er ja Bescheid weiß, zu höheren Rängen in der Institution aufsteigen; 4. er kann versuchen, die Praktiken der Institution bloßzustellen.

In Amerika darf man heute das Institutionsdenken angreifen. Kultische Gefolgschaftstreue ist nicht gefragt und begegnet Mißtrauen, sie paßt nicht in den amerikanischen Mythos von freiem Willen, Unabhängigkeit und Selbstbestimmung. Wer der Propaganda der Institution aufs Wort glaubt, kann sich daher die Geringschätzung der Ungläubigen zuziehen und/oder Gefahr laufen, seine Selbstachtung einzubüßen, wenn ihm klar wird, daß er ein Konformist ist.

»*Ich-Denken*«

Dieses Problem kann der Konformist lösen, indem er zu dem Mythos des Individualismus konvertiert und sich ein Denken zu eigen macht, das als »psychologisches Denken« oder als »Ich-Denken« zu bezeichnen wäre.

Das psychologische Denken geht etwa so: Ein Institutionsmitglied denkt die Ideologie seiner Institution, tut aber so als wäre dies seine persönliche Ideologie. Er sagt zum Beispiel »ICH denke...«. Wenn er tut, was von ihm erwartet wird, sagt er »ICH habe beschlossen, daß...«

Der wichtigste Mechanismus des individualistischen Mythos ist ein Stereotyp, das man immer dann zu wiederholen lernt, wenn man sich einer institutionellen Norm fügt und von Konformitätsbewußtsein bedroht wird. Der Betreffende sagt oder denkt sich, »Ich bin ein Individuum. Ich bin ein Individuum«. Um das zu beweisen, bedient er sich geringfügig variierter Verhaltensweisen, d. h. *solcher, welche die Ordnung der Transaktionen oder die Grundsätze der* Ideologie nicht gefährden.*

Der Erfolg dieser Art von Täuschung beruht auf mehreren Irrtümern. Zunächst einmal beruht er vor allem auf mangelnder Einsicht in die Programmstruktur von Transaktionen. Der Teilnehmer sieht nur die variablen Aspekte der Transaktionsordnung. Diese finden sich oftmals im verbalen Geschehen; ein- und dasselbe kann auf sehr viele verschiedene Weisen gesagt werden. Wenn die Regelhaftigkeiten des kinesischen Verhaltens und der Programmierung übersehen werden, gewährt der Gebrauch kleiner Sprachbesonderheiten die Illusion hoher individueller Einzigartigkeit und Spontaneität.

Noch eine bedeutsame Täuschung nährt die Illusion der Individualität. Jemand kann Gehorsam gegen die Familie, besonders die Eltern, als Konformität betrachten, sich aber zugleich so verhalten, als wäre Treue zu den Werten beruflicher oder wirtschaftlicher Institutionen *keine* Konformität. Wenn er sich von seinen Eltern gelöst hat, glaubt der durchschnittliche Mittelklassen-Amerikaner, nun habe er Unabhängigkeit und Eigenpersönlichkeit er-

---

* Dies ist aber etwas ganz Anderes als bei den Individualismus-Varianten der »Hippies« oder der Neuen Linken, welche die bestehende Ordnung oder Ideologie symbolisch angreifen.

langt. Sein »Ich bin ein Individuum« bedeutet gewöhnlich »Ich tu nicht, was meine Mutter sagt«.
Die »Ich bin ein Individuum«-Psychologie mag ein wenig Selbstachtung verschaffen, die beim Erklettern der Aufstiegsleiter in einer Bürokratie bitter nötig sein dürfte. Die magische Rhetorik des Individualismus ist jedoch eine enorm kostspielige Illusion. Sie kostet uns die Möglichkeit, wenigstens die Handlungsspielräume und Freiheiten auszunutzen, die wir in einer hoch organisierten Gesellschaft immerhin noch haben. Ich vermute, daß der abendländische Mensch vor etlichen Jahrhunderten eine ähnliche Periode der Selbsttäuschung durchmachte, als er glaubte, das Geschehen im Universum würde nicht stattfinden, wenn er nicht da wäre, um es wahrzunehmen.
Diese Rationalisierung durch Betonung kleiner Unterschiede kann sich auf die Autorität der psychologischen Wissenschaften stützen. In diesen Wissenschaften wird die Aufmerksamkeit selektiv den individuellen Unterschieden zugekehrt, während die institutionellen und kulturellen Ähnlichkeiten nahezu ignoriert werden. Weiterhin werden selektiv diejenigen Verhaltensweisen beachtet, die Bateson als transkontextuell bezeichnet hat, d. h. Verhaltensweisen, die als Verwirklichung innerer Kognitionen, Motive und Pläne erscheinen. Verhalten, das in einem anderen Kontext als dem von Trieben und kognitiven Prozessen auftritt, wird sehr wenig beachtet.

»*Wir-Denken*«

Der vorgespiegelte Individualismus findet sich natürlich nicht bei allen Amerikanern. Viele ethnische Minderheiten und Gruppen in der Arbeiterschaft sind vielmehr stolz auf die Kollektivität ihres Handelns und erlangen ein klein wenig Macht durch Kooperation. Die Mitglieder dieser Gruppen finden sich oft in den untersten Rängen der Verwaltungs- und Firmenbürokratien oder ganz außerhalb derselben. Sie teilen nicht die Ideale dieser Institutionen und sehen vielleicht in ihrer Mitgliedschaft im Gegenteil einen Freiheitsverlust. Sie teilen nicht die Ansicht, wonach die Trennung von der Familie und den Altersgenossen ein erstrebenswertes Ziel darstellt, und sie glauben nicht daran, daß die Mittelklassen-Institutionen für ein besseres Leben sorgen. Statt dessen machen sie die Konzerne und die Regierung für Mißstände verantwortlich. Ihre Verlautbarungen besagen, daß WIR denken, daß ... und daß WIR dies oder das tun wollen, wohingegen DIE uns ausplündern, begaunern und zuschanden regieren. Aus naheliegenden politischen Gründen sehen die Gläubigen der Mittelklassen-Institutionen diese Einstellung als überdependent, unreif und paranoid an.

e) Bemerkungen zur Politik der Sprache

Die Sprache hat in der vorherrschenden westlichen Kultur selektiv Aufmerksamkeit erhalten, während Territorialverhalten und Kinesik bis vor ganz kurzer Zeit fast völlig übersehen wurden.
Ein Grund dafür könnte sein, daß Sprache die politischen und ideologischen Überzeugungsmechanismen sozialer Kontrolle enkodiert. Diese blieben unwirksam in einer Gesellschaft, die nicht selektiv ihre Aufmerksamkeit den sprachlichen Medien und ihren Schrift- und Denkderivaten zukehrte. Es kann auch sein, daß es bei Beachtung des kinesischen Verhaltens schwierig wäre, den Mythos individueller Verursachung und spontanen Handelns aufrechtzuerhalten.
Vor allem aber, so denke ich, erhält das territorial-kinesische System die Sozialbindungen der frühen Kindheit und der persönlichen menschlichen Pflegedienste aufrecht. Es steht Versuchen entgegen, die Menschen dieser Bindungen zu entwöhnen, um sie zu Mitgliedern der unpersönlicheren institutionellen Strukturen zu machen. Vielleicht muß jemand sich zwingen, diese Bindungen und Mechanismen zu ignorieren, damit er die Beweglichkeit aufbringt, die Hingabe an die Arbeit und den Materialismus, die Industrie und Bürokratie verlangen.
Man kann nicht umhin, sich nach der möglichen Beziehung zwischen vier Erscheinungen zu fragen: 1. dem wachsenden Mißtrauen gegen die Ideologien, 2. dem wachsenden Interesse an nichtsprachlicher Kommunikation, 3. der Ausbreitung der audio-visuellen Medien und 4. den antikapitalistischen Einstellungen der kommenden Generation.

12

Kontrolle durch Schuldzuschreibung

Wenn es in einer Institution Schwierigkeiten gibt, wird oft einem einzelnen oder einer Fraktion die Schuld zugeschrieben.
Dieser Mechanismus der Schuldzuschreibung kann dienen zur Kontrolle der Institutionsmitglieder, zur Ergreifung politischer Macht, zur Ausschließung und Kontrolle der »Unerwünschten«. Da Schuld zugeschrieben zu bekommen eine furchtbare Erfahrung sein kann, genügt schon die Drohung mit Schuld, um das Verhalten der Mitglieder zu kontrollieren.
Obwohl es stimmt, daß Schuldzuschreibung die Ideale, das Außenbild und die Traditionen einer Institution bewahren kann, ist es dennoch eine höchst fragwürdige Prozedur. Die Schwierigkeiten der Institution werden dabei verborgen und können so niemals behandelt werden. Letztlich kann dies die Institution natürlich anpassungsunfähig machen und ihr Ende bewirken.

a) Kontexte der Schuldzuschreibung

Zwei Kontextsituationen lösen Schuldzuschreibungen aus.
1. Probleme der sozialen Ordnung. In jeder sozialen Organisation gibt es zu allen Zeiten irgend welche Schwierigkeiten. Nur selten gehen die Geschäfte in einer Institution so gut, daß nicht manche Mitglieder herausfallen oder desertieren und daß nicht manche Markt- oder Statuspositionen verloren gehen. Immer gibt es Rollen-, Kompetenz- und Machtabgrenzungsprobleme. Das Einerlei der Arbeiten und Zeremonien weckt Langeweile. Und beständig vollziehen sich die parkinsonschen Eskalationen des Wachstums, des Geld- und Zeitaufwands.
Die unvermeidlichen Diskrepanzen zwischen dem Mythos und der Praxis drängen sich immer wieder ins Bewußtsein. Die Profit- und Machtpolitik harmoniert nicht mit den Idealen des Altruismus, der Wohltätigkeit und des Dienstes am Menschen. Und die versprochenen Belohnungen, Beförderungen, Prämien oder Bewunderung werden nie so reichlich gegeben, daß sie der Mythologie gerecht würden.

Außerdem gibt es für die höheren Ränge immer auch jene Probleme, die die Arbeit aller Institutionen oder Subgruppen berühren. Die Bevölkerung wächst fortwährend, der Zugang zu Wohnungen, Grundstücken, Beförderungen ist daher verstopft. Bevölkerungsgruppen wandern, und »Unerwünschte« und »Gesindel« dringen ins Territorium der Institution ein. Es gibt Kriege, Konjunkturrückgänge und zu wenig Regierungszuschüsse.
2. Glaube an Schuld und Verdienst. Von Geburt an in einem Cowboy-Mythos erzogen, glauben die meisten Amerikaner zutiefst, das Geschehen im evolutionären und ökologischen Prozeß sei von Schuften und Helden verursacht. Die Mitglieder der Binnengruppe beschuldigen die minoritären Außengruppen. Die Außengruppen beschuldigen die gerade amtierenden Politiker. Alles Gute, was geschieht, wird einem Helden, alles Schlimme einem Schuft zugeschrieben.*

b) Ernennung des Sündenbocks

Die erste Frage zu einem Institutions- oder Kommunikationsproblem heißt »Wer war es?«. Diese Frage setzt den Schuldzuschreibungs-Mechanismus in Gang. Er verläuft folgendermaßen:

> *Ein Schuldiger wird gesucht.* Die Mitglieder suchen nach einem Schurken, und natürlich finden sie immer jemanden. Manche Mitglieder sind schon vorgestempelt; ihnen kann die Schurkenrolle leicht zugewiesen werden.
> *Manchmal wird eine offene Anklage erhoben.* Dies kann wirksam sein bei Kindern, Schuldbewußten und anderen, die nicht zu widersprechen vermögen. Gewöhnlich aber ist die direkte Anklage gefährlich. Das Opfer kann sich wehren, indem es unangenehme Dinge über den Ankläger preisgibt, oder es kann zum Märtyrer werden. Die offene Anklage ist daher selten (außer vielleicht in der Familie).
> *Häufiger ist die Beschuldigung indirekt.* Der Schurke wird identifiziert, dann wird über ihn gesprochen, wenn er nicht da ist. Oder er wird kinesisch »beschuldigt«, durch Gebrauch von Wertungsmonitoren und Ablehnungsgebaren. Dies geschieht oft eher unbewußt.

---

* Diese Tendenz scheint während der letzten Jahrzehnte in Amerika zugenommen zu haben, vielleicht als Folge von Bildung, Wissenschaft und Aufklärung. Einstmals beschuldigten wir die Götter, die Teufel, das Wetter, die Planeten oder die Erbanlagen. So unpräzis diese Art der Schuldzuschreibung auch war, sie entsprach besser dem Kontext ökologischer Systeme. Dies mag ein Grund dafür sein, warum Astrologie, Jesus-Menschen, Tarot, I Ching und andere »außerwissenschaftliche« Ideen in der neuen Generation wieder eine breite Anhängerschaft gewonnen haben.

Oft wird Schuld durch Selbstbezichtigung festgestellt. In schwierigen Zeiten beschuldigen manche Mitglieder sich selbst. Sie gestehen, die Schwierigkeit verursacht zu haben, oder stellen sich durch bestimmte unzulässige Verhaltensweisen unwillentlich bloß.
Das Beschuldigungsdrama beginnt. Obwohl die Prozedur die Mythen der Institution retten kann, wird sie nur selten von deren Leitern in Gang gebracht. Gewiß, auch sie können durch ihre Helfershelfer und Helfersagenturen wie Polizei oder Faktenermittlungs-Ausschüsse dazu ermutigen, aber die Prozedur ist so tief in den Praktiken der westlichen Gesellschaften und ihrer Institutionen eingewurzelt, daß man sich auf das selbständige Vorgehen der Mitglieder hier verlassen kann.

Bestimmte Angehörige der Kultur sind speziell geübt im Umgang mit Schuld als Problemlösung. Sie füllen automatisch die Rollen in diesem Drama aus. Umgangssprachlich würden wir sagen, diese Menschen seien dafür gerade die Richtigen.

Der Angeklagte. Er wird tatsächlich irgend eines Verstoßes oder Versagens schuldig sein, die aber nicht notwendig mit dem anstehenden Problem zu tun haben. Und er wird jemand sein, der von Kind an immer wieder zum Sündenbock ernannt worden ist. Dies ist die Art Mensch, die alles und jedes eingesteht. (Man erinnere sich nur, wie viele Männer gestanden haben, der Würger von Boston zu sein.) Das Geständnis ist ein Mittel zur Linderung einer verallgemeinerten Schuld; vielleicht wird ihm vergeben und vielleicht erringt er ein bißchen Dankbarkeit für das Verbergen eines Systemproblems.
Der Ankläger. Andere, die gleichermaßen in Schuldzuschreibung als einer Art zu leben verstrickt sind, werden als die Ankläger auftreten. Solche Menschen haben die Gewohnheit, überall nach der Widermoral zu suchen. Sie spüren Unruhestifter, Heuchler, Ausländer, Kommunisten und andere Unerwünschte auf und reißen ihnen die Maske herunter.*
Der Richter. Es gibt immer einige, die sich stark mit den Mythen der Institution identifizieren oder einen anderen persönlichen Grund haben, sie zu wahren. Diese werden als die Richter auftreten.

---

* Es gibt einen Zwischentyp, der wie ein Ankläger denkt und dauernd nach einer Gruppe fahndet (»sie«), die das Unheil angestiftet hat. Zugleich aber nimmt er alle gegen sich ein. Er geht geheimnistuerisch und argwöhnisch zu Werke und spielt alle Rollen in dem Drama. Erhebt er wirklich einmal eine Anklage, so kleidet er sie in eine so kraß paranoide und unglaubhafte Sprache, daß er in Verdacht gerät, seine eigene Schuld auf andere zu »projizieren«. So wird er am Ende zum Hauptverdächtigen.

Der für die Rolle des Sündenbocks Ausersehene ist nicht notwendig, wie in romantischen Erzählungen, unschuldig an dem, dessen man ihn anklagt. Mehr als wahrscheinlich hat er sich wirklich irgend eine Ungehörigkeit oder ein Versagen zuschulden kommen lassen, vielleicht sogar einen klaren Verstoß. Aber zur Zeit einer Systemkrise sind Ankläger und Richter vermutlich gleichermaßen schuldig.

In einer Institution, die an einem dunklen und aufwühlenden Problem leidet, sinkt die Moral. Das Verhalten wird allgemein desorganisiert, halbherzig und unkooperativ. Frustration und Verärgerung steigen. Die Führung kann nichts tun, weil sie nicht weiß, was. Sie gibt vielleicht nicht zu, daß das Problem ihr zu schaffen macht, und leugnet womöglich ganz, daß überhaupt ein Problem vorliegt. An diesem Punkt braucht man den Sündenbock.

Die Personen oder Fraktionen, die in die Sündenbockrolle geraten, haben vielleicht während der Krise mehr offen negatives Verhalten gezeigt oder sie sind von vornherein die glaubwürdigsten und geeignetsten Personen für die Rolle. Sie sind keine Unschuldigen, denn ihr Verhalten kann auf vielerlei Weise mit zu den Problemen beigesteuert haben. *Aber ihr Verhalten ist nicht die Ursache des Problems,* und ihre Bestrafung ist wahrscheinlich nicht die Lösung.

Auf kurze Sicht leidet das Opfer, der Sündenbock, am meisten. Seine Aufstiegschancen in der Institution sind blockiert. Wenn er ausscheidet oder ausgestoßen wird, so beeinträchtigt das gleichfalls seine Karriere und sein Einkommen. Er sieht womöglich keinen Ausweg.

> Er fühlt sich wahrscheinlich deprimiert und schuldig. Seine Beziehungen in der Institution werden schlechter und schlechter und ebenso seine Leistungen. Seine unterdrückte Wut läuft vielleicht über, so daß sein Verhalten nicht mehr nur als das eines Schuldigen, sondern auch als paranoid erscheint.

Aber auch die Institution nimmt Schaden. Das Problem, um das es geht, bleibt bestehen, und die Chance, es zu erkennen, wird bei dem Schuldzuschreibungsmanöver vertan. Wenn zum Beispiel die großen Konzerne der Luft- und Wasserverschmutzung beschuldigt werden, geben sie Anzeigen auf, die besagen, nicht sie seien schuld, sondern das Publikum, weil es Phospat-Detergentien benutze, Zigaretten rauche, Auto fahre, Papier und Flaschen wegwerfe. Die Folge ist, daß viele Liberale sich umschulen lassen und die Karriere in den Konzernen aufgeben.

c) Gebrauch reduktionistischer Werturteile

Wenn jemand zum Sündenbock ernannt wird, wird gewöhnlich ein Grund zur Erklärung seines Verhaltens konstruiert. Das kann eine Entschuldigung sein, z. B. er sei krank gewesen, oder aber es werden ihm bösartige, selbstsüchtige oder subversive Motivationen zugeschrieben. In jedem Falle wird der Verstoß auf einen Persönlichkeitszug oder ein Merkmal des Täters zurückgeführt. Der Täter selbst wird also ebenso bewertet wie sein Verhalten.
Oft werden solche Werturteile aber auch schon im voraus gefertigt, gespeichert und in Bereitschaft gehalten. Ein Sortiment von Werturteilen schwebt so über dem Haupt eines jeden Institutionsmitglieds.

Reduktionismen der Persönlichkeitsbewertung

1. Parakommunikative Reduktion. Der Gebrauch einer bestimmten Verhaltensvariante oder Verhaltensabweichung wird als ein ständiges Merkmal der betreffenden Person angesehen. Dieses Merkmal erscheint schließlich als das, was die Person charakterisiert, unter Ausschließung aller anderen Merkmale.

> Wenn etwa gesagt wird, jemand *ist* ein Ekel, so schließt das ein, daß er *nur und immer* ein Ekel ist.

2. Reduktion nach institutionsspezifischen Normen. Wer ein absprechendes Werturteil über einen anderen abgibt, ist sich vielleicht nicht darüber im klaren, daß er Merkmale verurteilt, die anderswo hoch geschätzt werden. In der Institution wird jemand nach seiner Konformität oder Nichtkonformität gegen die Normen der Institution bewertet, ohne Rücksicht auf den Wert, der ihm anderswo zugeschrieben wird.

> Ein Arbeiter, der bei seiner schwerkranken Frau zu Hause bleibt, wird vom Meister vielleicht als ein unverantwortlicher Mitarbeiter eingestuft, während die Verwandten seiner Frau ihn als rücksichtsvollen Gatten schätzen. Manche Männer, die als die heroischen Gründer bestimmter Institutionen gelten, haben dies auf Kosten des Lebens und der Karrieren Hunderter von Menschen erreicht.

3. Gleichsetzung von Anderssein und Abweichung. Die meisten Menschen betrachten ihre eigenen Normen und die Normen der Institution, der sie angehören, als redlich, gesund, normal und höherwertig. Das negative Urteil über einen anderen schließt daher ein, dieser sei unredlich, ungesund, anomal oder minderwertig. Bestimmte Züge oder Manierismen werden so als Abweichungen statt als Unterschiede in Haltungen, Rollenauffassung, Erfahrungshintergrund oder ethnischer Herkunft betrachtet.
4. Wissenschaftliche Reduktion der Persönlichkeitsmerkmale. Die Wert-

urteile über Menschen können sich auf pseudowissenschaftliche Erklärungen und Theorien über den Menschen berufen.

Biologisierung. Weitverbreitet ist der Glaube, daß Verhaltensmuster ererbt seien. Diese Vorstellung hat eine ununterbrochene Genealogie von der Ursünde über den Mythos vom verfluchten Samen bis hin zu den genetischen Reduktionismen der Neuzeit. Solche Reduktionismen sind etwa: Der Mensch ist ein Fleischfresser, darum tötet er; der IQ mißt die ererbte Intelligenz; die Menschen sind Vereinswesen, weil sie früher immer zusammen gejagt haben usw.

Psychologisierung. In der Zeit nach dem Zweiten Weltkrieg wurden psychodynamische und psychologische Ideen in der amerikanischen Mittelklasse sehr populär. Nichtkonformes oder anderweitig unerwünschtes Verhalten wurde psychologisch und als entwicklungsbedingt gedeutet, z. B. »Soundso stiftete dieses Unheil wegen seines Hungers nach Liebe«, »sie muß eine ablehnende Mutter gehabt haben« usw. Nach dieser neuen Tradition hat jedermann im Freundeskreis seinen inoffiziellen Diagnosenstempel und oft gebraucht er diesen Stempel auch zur Selbstbeschreibung: »Ich bin ein Sadist, ein Masochist, ein Schizo, ein Zwangsneurotiker«.

Diese Stempel insinuieren (was manchmal auch offiziell verkündet wird), daß unerwünschte Verhaltensmerkmale Anzeichen einer *psychischen Krankheit* seien. Viele schlecht informierte Menschen glauben tatsächlich, Abweichler und emotional unglückliche Personen hätten eine Krankheit im genetischen Sinne. Der Stempel trägt so das Stigma einer Anomalie von wahrscheinlich permanentem Charakter.

Dieser Stempel und die darin einbeschlossene Prognose werden in Zeugnissen und Berichten weitergereicht, sie folgen einem wie ein Vorstrafenregister. Oft sind auch die Abgestempelten der gleichen Überzeugung wie die Abstempler, und der Stempel wird zur sich selbst erfüllenden Prophezeiung.

Diese Art von Abstempelung ist für den Betroffenen sehr viel schädlicher, als wenn ihn etwa jemand eine Drecksau nennt, denn der Stempel scheint verbürgt durch die Wissenschaft der Psychiatrie. Viele, die sich selbst für sichere Diagnostiker halten, meinen, nur eine Krankheit zu bestimmen, und sehen nicht, daß sie ein politisches Manöver vollführen.

d) Politische Ausnutzung dieser Mechanismen

Schuldzuschreibung und reduktionistische Bewertung können auf mehrere Weisen, von denen ich hier drei beschreiben will, politisch ausgenutzt werden.

Kontrolle von Institutionsmitgliedern

Jemand, auf den »mit dem Finger gezeigt« worden ist, kann auf verschiedenerlei Art angefaßt werden. Man kann ihn hinauswerfen und ihn zugleich auch in anderen Gruppen unmöglich machen. Man kann ihn aber auch dabehalten, wenn das zweckmäßig ist, denn er ist jetzt relativ leicht zu kontrollieren. Er kann noch einmal in die Indoktrination zurückverwiesen werden. Er lernt, was von ihm erwartet wird: Er soll sich mehr anstrengen, mehr produzieren, entgegenkommender sein. Seine Bewährungspflicht erlaubt, hohe Ansprüche an ihn zu stellen, ohne seine Belohnungen im gleichen Maße zu erhöhen.

Die Furcht vor der Autorität und vor der Ablehnung, Schuld- und Schamgefühle und die verzweifelte Hoffnung, doch noch hochzukommen, können einen Mann sein ganzes Erwachsenleben lang bei der Arbeit in Atem halten.

Machtergreifung

Ein Politiker — in der offiziellen Politik oder in der inoffiziellen Politik in den Institutionen — stellt sich selbst als einen Anhänger aller der Werte dar, denen auch die Mehrheit anhängt. Er ist für Demokratie, Marktwirtschaft, Gesetz und Ordnung.

Wenn eine solche Person oder Fraktion die Zentralposition in diesen hochbewerteten Reduktionen einmal errungen hat, arbeitet ihr der Schuldzuschreibungsmechanismus fast automatisch in die Hände. *Alle ihre Gegner werden nun als Gegner dieser Werte hingestellt.*

Wenn die Gegner dazu gereizt werden können, zu protestieren oder sich auf irgend eine Weise ungebührlich zu betragen (was je nach dem als Sakrileg gegen die Interessen der Nation oder der Gewerkschaften interpretiert werden kann), so bestehen gute Aussichten, daß der pathologisierende Stempel haften bleibt, und der Schuldzuschreibungsprozeß kann seinen bekannten Verlauf nehmen.

Es wird nun möglich sein, die Mitglieder zu überzeugen, daß man einem echten Feind und einer echten Krise gegenüberstehe, welche die Dienste gerade dieses Kandidaten, Amtsträgers oder kultischen Führers notwendig mache.

Kontrolle von Minoritätengruppen

Da sie schon reduktionistisch bewertet worden sind (»*die** werfen den Müll auf die Straße«, »die wollen nicht arbeiten«, »auf die kann man sich nicht

---

* Es gibt zu dieser Art Äußerungen ein kinesisches Zeichen. Beim »die« (they) wird die Oberlippe angehoben, so daß die Zähne gebleckt erscheinen, oder es kann auch aus dem Mundwinkel heraus gesagt werden. Gleichzeitig geht der

verlassen«), sind Minoritäten reif für Schuldzuschreibungen. Von den Schwarzen zum Beispiel wird nicht nur behauptet, sie gefährdeten Sitte und Moral, begingen Verbrechen, erregten Leidenschaften und hielten das Land wegen der Wohlfahrtskosten in Armut, sondern auch, daß dies alles von ihrem eigenen Tun herkäme. Die Diskriminierung wird so verhüllt und die demokratische Prätention gewahrt. Außerdem wird das Versäumnis rationalisiert, irgend etwas zu tun, um ihre Lebensbedingungen zu ändern.
Um die Beschuldigungen gegen ethnische Gruppen zu stützen, müssen Gewalttätigkeiten und eklatante Mißerfolge vorkommen und weithin bekannt werden. Und natürlich kommen sie vor; unter den Bedingungen der Armut im Getto und angesichts der Einstellungen in den typischen Institutionen sind Episoden verzweifelter Aggression von Zeit zu Zeit unvermeidlich. So werden die Opfer für ihre Misere schuldig gesprochen. Unterdrückungsmaßnahmen erscheinen nun gerechtfertigt.

Kopf seitlich in die ungefähre Richtung der »die«-Gruppe und der Augengruß wird vollführt, um ein gemeinsames Band des Erkennens zwischen dem Sprecher und den Zuhörern anzudeuten, ein Band, das »die« ausschließt.

IV

Die Rolle der Kommunikation bei der Erzeugung abweichenden Verhaltens

Wenn ein Mensch (oder eine Gruppe) Schuldzuschreibung und reduktionistische Werturteile erfahren hat, so ist seine (ihre) Aufwärtsmobilität in der Institution und in der Gesellschaft überhaupt damit stark beeinträchtigt. Wenn auch seine (ihre) horizontale Mobilität durch interpersonale Verstrickungen oder soziale Restriktionen beeinträchtigt wird, so ist er in einer Situation der Gebundenheit. In solchen Fällen entstehen leicht Probleme antisozialen oder neurotischen Verhaltens (vgl. Kapitel 13).

Manche Menschen entgehen mehr oder weniger solcher Bindung, indem sie die bestehenden Institutionen wie Familie oder Firma verlassen und in der Entfremdung oder am Rande der Gesellschaft leben. Andere passen sich den Einschränkungen des Gebundenseins an, indem sie eine kleine Nische für sich in der Gesellschaft finden und ein System von Rationalisierungen entwickeln, um ihre Selbstachtung zu bewahren. Damit erreichen sie eine etwas ungewisse und leicht zu erschütternde Angepaßtheit.

Eine Reihe von Umständen kann die Angepaßtheit des gebundenen Menschen gefährden. Daß er die Bindung hinnimmt, kann ihm zum Vorwurf gemacht werden; er wird beschämt und zu Handlungen angestachelt, die für ihn unmöglich sind. Oder seine ohnehin schon kleine soziale Nische wird ihm genommen. In diesen Fällen sagen wir, ein Mensch oder eine Gruppe sei in einer »Doppelbindung«. Dies ist eine Situation, in der Gewalttätigkeit oder Psychosen auftreten können (Kapitel 14).

13

Bindung

Wenn jemand nicht übermäßig an seine Familie oder eine andere Institution gebunden ist, verläßt er einfach die Situation, sobald sie für ihn nachteilig wird. Wo er dagegen übermäßig gebunden ist, kann er durch eine Einschränkung seiner Mobilität leicht macht- und wehrlos gegen Schuldzuschreibungen werden.

Er gerät dann in einen Teufelskreis. Seine Hilflosigkeit in der Situation verstärkt noch weiter seine Abhängigkeit von der Institution, und dies macht ihn immer unfähiger, mehr Belohnungen für sich zu verlangen. Wahrscheinlich entwickelt er Schuldgefühle und übt Selbstverleugnung, womit er wieder neue Schuldzuschreibungen auf sich zieht. Wenn er den Punkt erreicht, wo er die Institution weder mehr verlassen noch eine Vermehrung seiner Belohnungen durchsetzen kann, bezeichnen wir ihn als »gebunden«.

a) Verhaltensmuster gebundener Personen

Institutionsfrömmigkeit

Manche Menschen sind in absoluter Hingabe an die Institution gebunden. Sie plagen sich für die Sache ihrer Institution und opfern sich der Loyalität, selbst wenn keine unmittelbaren Entschädigungen und Aufstiegsmöglichkeiten sie belohnen. Von dieser Art sind religiöse Fanatiker und Eiferer. Ihre Loyalität absorbiert sie gewöhnlich so vollständig, daß sie keine anderen Sozialbeziehungen unterhalten (Scheflen, 1965c).

Diese Menschen können vernichtet werden, wenn man ihnen in der Institution Schuld zuschreibt.

> Wir denken an den Fall eines älteren Mannes, der von seinen Kollegen beständig als hinter der Zeit zurück, stupid und unfähig angesehen wird. Daß sie mit ihm unzufrieden sind, deprimiert ihn so, daß er sich kaum mehr überwinden kann, ins Büro zu gehen. Seinen Abschied zu nehmen, ist jedoch ohne Angst und neue Schuldgefühle für ihn undenkbar, denn

er ist ganz und gar eingebunden in die Normen und Glaubenssätze der Institution; es war sein Lebensziel, eine einflußreiche Persönlichkeit in dieser Institution zu werden.
Wie viele solche Menschen hat er keinen Rückhalt im weiteren sozialen Kontext. Er kann sich nicht einmal mehr in seine Familie zurückziehen, denn die hat sich zerstreut. Er hat ihr die Institution vorgezogen, und nun haben seine Angehörigen sich von ihm getrennt. Er kann nirgends sonst mehr hin.

Diese Art Institutionsfrömmigkeit wurzelt oft in früheren Erfahrungen aus übermäßigen Bindungen.

Überdependente Anpassung an die Familie

Wenn jemand in seiner Familie bleibt und dort keine Mobilität besitzt, haben wir es mit Überdependenz und Unreife zu tun. Drei Formen der Überdependenz sind weit verbreitet (Searles, 1955):

Offene Überdependenz. Der Anklammernd-Überdependente fürchtet sich vor der Trennung von den Eltern, wenn er zur Schule oder zur Arbeit gehen soll. Seine Weigerung, für sich zu sein, kann die Form von Phobien, häufigem Kranksein, Hypochondrie und Hilflosigkeit annehmen.

Verhüllte Überdependenz. Dieser Typ von Überdependenten zeigt keinerlei Motivation für Weiterbildung, Berufsausbildung oder Berufstätigkeit. Er bleibt in der Familie und fällt ihr ökonomisch zur Last. Er verbirgt jedoch alle Anzeichen von Abhängigkeit oder auch nur Verbundenheit, sondern gibt sich distanziert, verdrossen und feindselig. Er kann sogar überbetont unabhängig sein.

Hysterische Überdependenz. Manche Überdependenten zeigen sexuelle Verbundenheit oder romantische Liebe zum Vater oder zur Mutter. Zu Werbebeziehungen zu Gleichaltrigen sind sie nicht fähig. Sie treten vielleicht auch in Konkurrenz zu jedem, der zu dem geliebten Elternteil eine Beziehung unterhält. In der Psychoanalyse wird dies als ein überentwickelter Ödipuskomplex erklärt.
Die Bindung wird verstärkt durch vielfältige Rationalisierungen des überdependenten Zustands. Eine Reihe von Gründen werden geltend gemacht, warum der Überdependente allein nicht zurechtkommen könne: er habe Erbmängel, eine schwache Konstitution, ein Geburtstrauma oder schlimme Erfahrungen aus der Kindheit. Er selbst fühlt sich zutiefst unzulänglich oder schuldig. Eine Vorstellung angeborener Bösartigkeit kann noch das ihre zu

der Bindung beisteuern, indem sie ihn sich ans Familienverhalten als Kontrolle gegen neue Missetaten anklammern läßt. *Welche Erklärungen aber auch im besonderen Falle gegeben werden, die Familienangehörigen stützen sich auf die reduktionistische Idee, die Charaktermerkmale des Betreffenden seien die Ursache des Problems.*

Überpendente mit wechselnder Mobilität

Manche Menschen lösen sich von ihrer Familie oder Institution und leben eine Zeitlang allein oder gehen nur spärlich andere Beziehungen ein. Aber unvermeidlich erleben sie dabei Mißerfolge und kehren deprimiert, krank, verarmt oder in sozialen Schwierigkeiten in die Familie zurück.

> Alkoholiker oder ältere Drogennehmer können Zyklen dieser Art durchlaufen. Wenn sie »angetörnt« sind, sind sie zuversichtlich, betonen ihre Unabhängigkeit und unterhalten Beziehungen zu Außenstehenden. Oft aber werden sie durch übermäßigen Drogen- oder Alkoholgenuß wieder hilflos und müssen in die Familie oder die Institution zurückkehren.

Abweichendes Kommunikationsverhalten der Überdependenten

Das Kommunikationsverhalten der Überdependenten weist manche ziemlich charakteristischen Eigenschaften auf.

Sie verlassen sich in hohem Maß auf parakommunikative Appelle zur Erhaltung der Sozialbindungen: Sie sehen leidend oder depressiv aus und erwecken damit Schuld- oder Mitleidsgefühle, sie zeigen kindliches Werbegebaren, kindliche Manierismen usw. Bei hysterisch — oder sexuell — Überdependenten kann sich das Werbegebaren auf eine Körperregion beschränken (z. B. die Beine, den Oberkörper oder auch nur die Augen), während der übrige Körper den niedrigen Tonus der Depression oder des kindlichen kinesischen Verhaltens zeigt. Die hysterische Frau ist vielleicht frigid und uninteressiert gegenüber Gleichaltrigen, aber sehr verführerisch gegenüber einem Mann, der eine Generation älter ist. Andere Überdependente wieder geben sehr wenig kinesische Signale ab, und ihr Gesicht ist oft maskenhaft.

Zum Teil wird dies verständlich, wenn man diese Menschen unter ihren Partnern oder in Gesellschaft ihrer Eltern beobachtet. Oft überlassen sie einem Verwandten das ganze Gespräch, während sie nur die Körpersignale beisteuern. Oder der Überdependente überträgt seinen Anteil am komplementären oder reziproken Verhalten einem Partner; er läßt sich so »behandeln«, ohne sich gleichermaßen zu beteiligen. Der überbetont Unabhängige beschäftigt sich viel mit dem Bestreben anderer, ihn festzuhalten, zu kontrollieren und zu besitzen.

Die antisoziale Anpassung

Menschen, deren Aufwärtsmobilität in der Gesellschaft blockiert ist, können sich aus den offiziellen Institutionen einfach heraushalten und in den Rand- und Zwischenzonen der Gesellschaftsordnung leben. Slums, ablegene ländliche Gegenden oder auch die Dachwohnungen der Großstädte sind Orte für diese Menschen.

> Sie können aktiv antisoziale Auffassungen vertreten und durch illegale Aktivitäten Aufwärtsmobilität erlangen.
> Andere wieder sind so streng zur Loyalität gegenüber den Eltern erzogen worden, daß sie zu Menschen außerhalb ihrer Familie keine Beziehung finden können; sie leben daher allein und entfremdet.
> Oder eine Anzahl solcher Menschen schließen sich zu einer Bande oder einem gemeinsamen Kult zusammen.

Der Antisoziale *scheint* sehr viel mobiler zu sein als der Überdependente, der in der Familie gebunden ist, aber dieser Unterschied ist relativ. Auch der Antisoziale war oft in der Kindheit stark gebunden und ist aus der Familie nur entkommen, weil diese sich auflöste, weil ein Elternteil ihn ablehnte oder weil es ihm gelang, zum Ankläger zu werden, indem er genug Beschwerden ansammelte, um im Zorn zu scheiden.
Einen wichtigen Unterschied zwischen der antisozialen und der überdependenten (oder neurotischen) Anpassung an die Immobilität scheint es auszumachen, ob der Abweichende die Schuldzuschreibungen und Erklärungen seines Problems annimmt oder nicht. Nach Meinung des Verfassers sieht der Antisoziale im allgemeinen, daß er zum Sündenbock gemacht wird, projiziert die Schuld zurück und weist die Immobilisierung von sich. Der Neurotiker dagegen *nimmt* die Schuld für seine Situation an. Bindung ist nicht möglich ohne die psychologische Zustimmung der immobilisierten Person.

b) Verhaltensbeziehungen gebundener Personen

*Die »Paarfesselung« * oder symbiotische Beziehung*

Betrachten wir den Überdependenten nicht nur für sich allein, sondern auch in seinen Beziehungen zu den nächsten Familienangehörigen, so finden wir, daß nicht einfach bloß er abhängig ist, sondern daß er in einer Beziehung

---

* Der Terminus »Paarfesselung« (gruesome twosome; Bacon, 1960; Scheflen, 1960) bezeichnet zwei Menschen, die sich nicht trennen oder keine Beziehung zu Dritten finden können. Beide pflegen in einer solchen Fesselung infantil zu werden.

wechselseitiger Abhängigkeit — gewöhnlich mit Vater, Mutter oder Ehepartner — gefesselt ist.
Beide Teile können diese wechselseitige Abhängigkeit leugnen. Sie sprechen vielleicht überhaupt nicht miteinander oder verraten keinerlei Anzeichen von Verbundenheit. Die Interdependenz tritt jedoch zutage, sobald eine Krise zur Trennung zu führen droht. Und sie wird gleichfalls erkennbar durch Beobachtung der kinesischen Signale und politischen Manöver der Partner. Beide gebrauchen die Körpersignale von Angst, Schmerz und Depression und lösen so beim Partner Schuldgefühle aus. Und beide begegnen einander vielleicht mit Werbegebaren von erstaunlicher Intensität, ohne es zu bemerken.
Psychotherapeuten stellen fest, daß beide Teile einer symbiotischen Beziehung an der Fesselung beteiligt sind. Jeder befürchtet, allein nicht leben zu können. Jeder befürchtet, sein Fortgehen würde den andern in den Tod treiben. Und beide halten alle anderen für gefährlich, nicht vertrauenswürdig, feindlich und ablehnend.
Die Kinesik sozialer Affiliation wird in Form von »Überkreuz-Monitoren« (Birdwhistell) gebraucht. Jeder Partner vereitelt jeden Versuch des anderen, die Beziehung zu verlassen oder in Beziehung zu einem Dritten zu treten.
Im folgenden ein Beispiel für die Kontrolle durch Überkreuz-Monitoren in einer Zweierbeziehung; ich habe dies an anderer Stelle detaillierter beschrieben (Scheflen, 1963, 1973).
Mutter und Tochter werden von zwei Psychiatern untersucht:

> Jedes Mal, wenn die Psychiater die Mutter ansprechen, um etwas über die Familiengeschichte zu erfahren, tut die Tochter etwas Irritierendes oder Anstößiges, womit sie die Aufmerksamkeit aller auf sich zieht — eine besondere und deviante Art von Monitorsignalen.
> Die Mutter ihrerseits greift mit Monitoren in jeden Versuch der Tochter und der beiden Psychiater ein, miteinander Beziehungen aufzunehmen. Immer wenn das Mädchen sich in normale Als-ob-Werbung oder in Gesprächsverhalten einläßt, vollführt die Mutter einen Nasenstreif-Monitor. Die Tochter bricht darauf jedesmal den Kontakt ab, sackt zurück in ihren Sessel und nimmt keinen Anteil mehr.

Das Unterbrechungsverhalten der Tochter ist deutlich und klar deviant. (Sie trägt die Diagnose »Schizophrenie« und ist Patientin in einer psychiatrischen Klinik.) *Der Unterbrechungs-Monitor der Mutter ist nicht minder wirksam, bleibt aber als Mikroverhalten außerhalb der bewußten Wahrnehmung. Sie kann so kontrollieren, ohne daß es jemand merkt.*

Bindung in der Familie

Manchmal ist die symbiotische Beziehung zwischen zwei Menschen sozial isoliert, weil es keine anderen Familienmitglieder gibt. In dem eben erwähnten Fall der Mutter-Tochter-Beziehung zum Beispiel waren Vater und Bruder verstorben. In anderen Fällen aber besteht diese Beziehung in einer ganzen Familie.

> Ich kenne eine hysterische Frau, die von ihrem Vater wie seine Geliebte oder seine Gattin behandelt wurde. (In diesem Fall kamen die Eltern nicht miteinander zurecht. Es gab weder Beischlaf noch Werbung zwischen ihnen. Die Mutter ging faktisch ganz in der Beziehung zu ihrem Sohn und zu ihrem eigenen Vater auf.) Die Mutter ignorierte Vater und Tochter, wurde aber auch durch die Vertraulichkeit der beiden ausgeschlossen. Auch Vater und Tochter hatten indes Schwierigkeiten miteinander. Er hatte das Gefühl, sie störe seine Ehe. Zwar umwarb er sie, er wurde aber wütend, wenn ihr allgemeines Verhalten offensichtlich sexuellen Charakter annahm. Und er benutzte ihre Sexualität als Entschuldigung, um ihr Verabredungen zu verbieten, womit er sie an sich gebunden und fixiert hielt.

Die gestörte Situation der ganzen Familie wurde verborgen, indem man das Problem in der Sexualität der Tochter lokalisierte. Die Bindung wurde so auf allen Ebenen aufrechterhalten. Wie wir später noch sehen werden, werden viele solche Probleme in Amerika durch die Struktur der Kernfamilie fortgepflanzt.

Wenn sich Mitglieder einer solchen Familie verheiraten, tragen sie wahrscheinlich den Bindungsmechanismus in die Ehebeziehung hinein.

> Bei einem von mir behandelten Ehepaar schien sich der folgende Zirkel eingeschliffen zu haben: Er warf ihr Untreue und Prostitution vor. Anschließend verabscheuten sie einander. Aber nur in dieser Situation waren beide zum Geschlechtsakt fähig. Sie befürchtete, sie könnte wirklich eine Prostituierte werden, wenn sie die Ehe auflöste. Und er hatte das Gefühl, er müsse bei ihr bleiben, um sie zu retten, und so fort.

In solchen Fällen ist es gerade das pathologisierte Verhalten, welches das Paar zusammenbindet und andere ausschließt.

In manchen Kulturen ist es verbreitet, daß man sich an die Großfamilie fesselt und die Verwandtschaftsbeziehungen hingebungsvoll und mit Ausschließlichkeit pflegt. In den osteuropäisch-jüdischen Traditionen zum Beispiel wird die Großfamilie oftmals offiziell als Familienunternehmen institutionalisiert. Hier beschränkt sich die horizontale Mobilität weitgehend auf den Kreis der Familie, und Meinungsverschiedenheiten können überaus störend werden.

Bindung in der Gleichaltrigengruppe

Im günstigsten Fall fungiert die Gleichaltrigengruppe als Übergangsinstitution für Jugendliche, die sich hier aus der Enge der Familienbindungen lösen und versuchen können, ihre Sichtweisen von denen ihrer ursprünglichen Subkulturen zu denen der umgebenden Gesellschaft hin zu verlagern. Manchmal sind diese Gruppen aber selbst immobilisiert, und wer sich ihnen im Bemühen um größere Mobilität anschließt, findet sich in der Gruppe selbst gefesselt.

Diese Situation scheint eine bedeutende Rolle in den gegenwärtigen Problemen des Drogengebrauchs zu spielen. Das Problem ist sehr viel ernster für die Jugendlichen aus den Gettos oder aus der Arbeiterschaft als für den aufwärtsmobilen, dem College entgegensehenden Halbwüchsigen aus der Mittelschicht.

> Der letztere raucht vielleicht zusammen mit seinen gleichaltrigen Freunden Haschisch und führt verwegene Reden über die Desertion aus dem Establishment, währenddessen aber macht er sein Abitur und lernt, wie man sich in der Mittelklasse außerhalb der Familie anpaßt. Für den Jugendlichen aus dem Getto dagegen gibt es keine Aufstiegsleiter, die er erklettern könnte, und wenn er seinen Bezirk in der Innenstadt verläßt, so steigen seine Chancen deshalb auch kaum. Die Gleichaltrigengruppe hilft ihm wenig. Sie hält vielleicht sogar diejenigen mit mehr Talent zurück.
> Aus irgendeinem Grund nehmen die Getto-Jugendlichen eher Heroin als Haschisch. Die stärkere euphorische Wirkung wird das Heroin attraktiver erscheinen lassen als Haschisch — erklärlich, bedenkt man das Ausmaß von Depression, Wut und Apathie, an dem diese Jugendlichen leiden. Vielleicht ist dies auch der Grund, warum Heroin eher süchtig macht als Haschisch oder LSD. Wie dem auch sei, beide Gruppen geben der Droge die Schuld für das Ergebnis ihrer Erfahrung mit den Gleichaltrigen, und dasselbe tun auch die Mediziner und Politiker.

Politisch kommt die Drogenabhängigkeit der Getto-Jugend der herrschenden Ordnung zugute (Gioscia, 1970). Gewiß kann der Gebrauch von Heroin zur Vermehrung der Diebstähle führen, aber dies ist weniger gefährlich als die Gewalt der Massen, die aufkommen könnte, wenn keine Drogen genommen würden. Der Heroinhandel ist sehr gewinnträchtig, und der Drogennehmer bietet sich als unverfehlbares Ziel der Schuldzuschreibung an. Die Aufmerksamkeit wird auf die Drogen konzentriert statt auf die unveränderten sozio-ökonomischen Probleme, die zu dem Bedürfnis nach Drogen führen. Aus diesen Gründen können wir annehmen, daß das Drogenproblem ungelöst bleiben wird.

c) Erweiterte Sozialkontexte der Bindung

Die Bindung kann in der Familie ihren Ausgang nehmen, *wird aber auf* allen Ebenen der Gesellschaft aufrechterhalten. Die Tendenz zur Einschrän*kung der horizontalen Mobilität ist eingebaut in die amerikanische Sozialstruktur, und die Ätiologie der Bindung ist tiefverwurzelt in unserer Kultur.* Die bindenden Eltern sind also nicht die schurkischen Begründer einer Tyrannei, sondern selbst Opfer eines Bündels allgemeinerer Probleme.

Die Verarmung der Familie

Die abnehmende Familiengröße. Vor der industriellen Revolution bestand der Haushalt wie schon gesagt aus fünfzehn bis fünfundsiebzig Verwandten (Sjoberg, 1960). In einer solchen Einheit gab es mehrere Erwachsene, die die Kinder pflegen und sie durch ihr eigenes Beispiel oder durch Geschichtenerzählen erziehen konnten. In den letzten Jahrhunderten hat die Anzahl dieser unmittelbaren Familienangehörigen mehr und mehr abgenommen. In Amerika umfaßt eine Haushaltsgemeinschaft heute ungefähr zwei Erwachsene und drei Kinder. Diese Kernfamilie ist oft von der erweiterten Großfamilie geographisch wie auch affektiv getrennt und geschieden.

Diese soziale Einheit ist zu klein, um die Kinder gut zu pflegen, ihnen genügend viele Identifikationsmodelle anzubieten und den Haushalt instandzuhalten (außer, man kann sich Dienstpersonal leisten, oder es gibt Verwandte, die mit der Familie zusammenleben). Die Folge ist, daß die Kinder im Höchstfall an ein oder zwei Erwachsene gebunden sind, und diese sind überfordert und oft nicht bereit, auf sie einzugehen.

Das Fehlen von Verwandten in der unmittelbaren Nachbarschaft entzieht der Familie Hilfeleistungen und den Kindern Kontakte; zugleich bewirkt es eine Verknappung der Korrektur-Funktionen. Es ist kein Großvater da, der einen entrüsteten Vater an seine eigenen Kinderstreiche erinnern könnte. Und kein zu Späßen aufgelegter Onkel erzählt Geschichten, die den Kindheits-»Verbrechen« eine komische Seite abgewinnen. Kein Verwandter schaltet sich in die Entfremdung oder Fesselung des Kindes ein. Diese so wichtigen Dienste werden in Amerika gewöhnlich nicht von Freunden oder Nachbarn übernommen, denn es gehört sich nicht, sich »einzumischen«.

Die Schwächung der Kernfamilie. Die Kernfamilie, die auch bei Vollzähligkeit oft schon eine unzulängliche soziale Einheit ist, wird noch weiter durch andere Umstände geschwächt.
Der »abwesende Vater« wird in allen sozialen Schichten zum Gemeinplatz. Außer Haus muß er den schon beschriebenen institutionellen Erfordernissen gerecht werden oder sehen, wie er sonst zurecht kommt. Er wird womöglich frustriert, gibt den Kampf auf und verläßt die Familie überhaupt, oder er stirbt früh. Er wird womöglich auch von der Firma so absorbiert oder erdrückt, daß er, wenn er zu Haus ist, den anderen emotional nur zur Last fällt.
Je häufiger der Vater nicht da ist, desto mehr werden Mutter und Kind in eine wechselseitig stützende und bindende Paarbeziehung verstrickt. Je enger ihre Beziehung ist, desto mehr ist der Vater ausgeschlossen und desto ferner rückt er der Familie.
Die Frau kann unfähig werden, mit der Situation der Familie Schritt zu halten. Eine Reihe von Dingen können dann geschehen: Sie kann »krank« werden, sie kann die Situation »ertragen«, oder sie kann sich daraus zurückziehen — emotional oder körperlich. Die moderne Frau kann sich den Männern in den Institutionen außerhalb des Haushalts anschließen. Sie kann arbeiten gehen, noch einmal eine Schule besuchen oder an den Gemeindeangelegenheiten Anteil nehmen. Es gibt unzählige Institutionen, die für den Dienst an ihrer Sache und zur Verewigung ihrer Existenz freiwillige Mitglieder brauchen — Frauen- und Männerklubs, Kirchen, Bürgerinitiativen, die Pfadfinder und hundert andere Vereine, wo man hingehen kann. Nicht selten werden dabei soziale Probleme zur Rechtfertigung der Institutionen erfunden, die sich ihrer annehmen wollen.
Der Teufelskreis ist nun geschlossen. Die Verringerung der Familiengröße führt zur Verringerung der Pflegedienste, der Befriedigungen und der Chancen zu engen Beziehungen. Infolge dieser Verarmung gebrauchen die Zurückgebliebenen um so mehr Bindungsmechanismen, was den Familienzusammenhalt und die Befriedigungschancen noch weiter verringert. Je unzulänglicher die Familie wird, desto unbeweglicher wird sie auch.

Die Ökonomie dieser Entwicklung. Zumindest teilweise war es der Bedarf nach mobilen Arbeitskräften in der Epoche der Kolonisierung und Industrialisierung, der zur Auflösung der Familie führte. Bis auf den heutigen Tag machen die Anforderungen der Großindustrie die meisten Männer zum Besitztum der Institutionen.
Wenn ein Mann aus der Mittelklasse nach Chicago versetzt wird, nimmt er seine Kinder aus ihrer Nachbarschaft heraus, um sich mit ihnen anderswo niederzulassen. Selbst wenn aber der Wohnsitz seiner Familie derselbe bleibt,

gehört der Vater der Institution. Ihr muß er seine Aufmerksamkeit, Energie und Zeit widmen, wenn sie es verlangt. Entweder bleibt er auf der Leiter nach oben oder er muß Einbußen an Einkommen und Status in Kauf nehmen. Wenn er nicht klettern will, wird er vielleicht sogar von der eigenen Familie kritisiert.
Der Mann in der Unterschicht muß sich womöglich in seinem Aufenthalt nach der Erntezeit oder nach dem Angebot an Saisonsarbeiten richten. In der schwarzen Kultur geht er oft allein fort, denn wie sollte er drei Generationen Frauen mitnehmen? Auch gibt es vermutlich in einem anderen Getto sowieso keine Wohnung. So verliert die Familie ihre männlichen Mitglieder (Ashcraft, 1971).
Besonders die Familie der Minoritätengruppen nimmt in dieser Situation Schaden. Der ungelernte, ausländische oder schwarze Arbeiter wird von der Firma oder von der Gewerkschaft oft abgewiesen. Als ein Ausgeschlossener drückt er sich am Rande des institutionellen Systems herum und wartet, daß er für Saison- oder Kurzarbeiten gebraucht wird.

> Für die Großindustrie ist ein großes Reservoir ungelernter Arbeitskräfte, die man kurzzeitig zu Arbeiten heranziehen kann, von Vorteil. Solche Leute bekommen keine Jahreslohngarantien, keine hohen Gehälter und keine Prämien. Wenn aber diese Politik der Firmen die Regierung und die Steuerzahler zwingt, die Einkommen wenigstens bis zum nackten Existenzminimum aufzustocken, protestieren die Institutionsmitglieder und wissen, wer schuld ist: »Die *wollen* ja nicht arbeiten.« (Was unter den beschriebenen Bedingungen oft auch stimmt.) Wenn ein schwarzer Vater seine Familie verläßt, damit sie Sozialunterstützung bekommen kann, geraten die Inhaber fester Stellungen in ehrenhafte Entrüstung: »Wie verantwortungslos, seine Kinder so im Stich zu lassen.«

Der Prozeß der Bindung vollzieht sich auf allen Ebenen des sozialen Systems, von den größten Einheiten bis zu den kleinsten. Besonders deutlich aber wird er im Leben der Angehörigen von Minoritätengruppen. Ihnen fällt es schwer, die Erziehung und Ausbildung zu erlangen, deren es zur Aufwärtsmobilität bedarf. Dies schränkt sie in anderen Bereichen ihres Lebens ein, besonders in der Wahl des Wohnorts. Etwas anderes als eine ländliche Gegend oder ein Großstadtgetto sind für sie wahrscheinlich unerschwinglich. Und in den ethnischen Enklaven anderer Minoritäten sind sie genauso unwillkommen wie in den Vororten der weißen Mittelklasse. Diese Beschränkungen stoßen die Menschen zurück auf die Straße oder in die Familie, die damit immer weniger fertig wird.

d) Politische und ethische Kontexte der Bindung

Diese unerfreulichen Kontextprozesse werden gefördert durch eine Vielfalt klassischer Ideen, an die zu glauben die meisten Amerikaner gelernt haben.

Die Paarromanze

Es ist nicht bloß ein zufälliges Zusammentreffen, daß die romantische Liebe in den städtischen Regionen Europas zur gleichen Zeit um sich griff, als die Familiengröße abzunehmen begann (Hunt, 1959). Zu dieser Zeit kamen auch die Kolonisation, die Industrialisierung und die protestantische Ethik auf, welche die persönliche Zweierbeziehung zwischen Gott und dem Menschen betonte. Die Zweierbeziehung läuft oft auf eine Fesselung hinaus, die sich in weiteren Bindungen fortpflanzen kann.

Die psychiatrische Ethik

Dank des gewaltigen Einflusses freudianischer Ideen besteht in der amerikanischen Mittelklasse die Tendenz, die Lösung von der Familie (was ja den Primat der Genitalität voraussetzt) als eine Vorbedingung für Reife und seelische Gesundheit anzusehen. Der Abbruch dieser frühen Bindungen kann jemanden aber ebensogut hilflos und verwundbar den unpersönlichen Prozessen der Institution ausliefern. Er kann dadurch auch veranlaßt werden, Kindheitsbindungen auf die Institution zu übertragen, womit er sehr anfällig für Fesselungen wird.

Anachronistische Formeln

Die politischen Devisen früherer Jahrhunderte lasten noch schwer auf uns. Der Begriff des angeborenen Bösen zum Beispiel hält uns noch immer in Atem, und wir unterwerfen unsere Kinder unnötigen Kontrollen und fesseln sie in Furcht vor sich selbst und anderen. Die Abweichungen*, die diese Praktiken erzeugen helfen, erfordern wiederum einen Zaun weiterer Kontrollsysteme: Polizei, Militär, Justiz und Indoktrination. Und der Prozeß individueller Schuldzuschreibung macht es schwer, die gesellschaftlichen und philosophischen Probleme zu sehen.

* Erikson (1966) ist der Ansicht, jedes abweichende Verhalten hätte eine notwendige Funktion in der herkömmlichen sozialen Ordnung: Abweichler könnten den Fortbestand von Institutionen rechtfertigen, Familien oder Gleichaltrigengruppen zusammenhalten und als Beispiele dienen, an denen Moral gelehrt und die Folgen des Ungehorsams aufgezeigt werden können usw.

Die Amoral der Institutionen

Ein primärer Faktor bei der Fortpflanzung dieser Schwierigkeiten ist das allgemeine Versäumnis der höheren sozialen Organisationen wie der Regierung und der Großindustrie, die Verantwortung für diejenigen institutionellen Faktoren zu übernehmen, die bei den Bürgern zu Entfremdung und abweichendem Verhalten führen. Vielmehr besteht die Tendenz, die Verantwortung mit Hilfe genetischer, persönlichkeitspsychologischer und ethnischer Erklärungen den unteren Ebenen sozialer Organisation zuzuschieben (Schulen, Kirchen, Familien, Individuen usw.).

14

Doppelbindung

Wenn ein Mensch gebunden ist, lebt er verschanzt hinter Rationalisierungen in einer engen sozialen Nische. Sobald dann die heikle Struktur seiner Angepaßtheit durch Angriffe oder Werturteile gefährdet wird, kann man einen solchen Menschen als einen »Doppeltgebundenen« * bezeichnen.
Doppelbindungssituationen können sich über alle Entwicklungsjahre eines Menschen hin fortpflanzen und in Schwierigkeiten seines sozialen und kognitiven Verhaltens resultieren. Eine bestimmte Art von Transaktionen kann jedoch seine Angepaßtheit gefährden und eine akut psychotische oder gewalttätige Reaktion auslösen. Manchmal werden solche auslösenden Transaktionen gesucht oder als eine Art Kraftprobe in Szene gesetzt.

a) Die Verwundbarkeit stark gebundener Personen

Menschen, die stark gebunden sind, haben eine enge Nische in der Gesellschaft inne. Räumlich definiert sich diese Nische durch die Orte, wo sie hingehen dürfen (und gern hingehen), und durch die Beziehungen, die sie sich einzugehen getrauen. Kommunikativ wird die Nische begrenzt und beschützt durch das Fehlen von Interaktionen zwischen dem Bewohner (oder den Bewohnern) und den Menschen draußen. Selbst abstrakte Informationen werden gewöhnlich nicht über die Grenze der Nische gelassen. Die Einwohner wissen daher nicht viel über die Welt draußen, und ihr eigenes Tun und Den-

* Dieser Terminus wurde zuerst von Bateson, Jackson, Haley und Weakland (1956) zur Beschreibung einer Szene gebraucht, wo in der Situation unauflöslich paradoxe Alternativen bestehen und der Betroffene die Situation nicht verlassen kann. Aus mehreren Gründen hat dieser Terminus jedoch Verwirrung gestiftet. Er wurde korrumpiert und bezeichnete schließlich etwas, womit ein Schuft jemand anders in die Schizophrenie treibt. Weitere Verwirrung entstand daraus, daß niemals aufgeklärt wurde, was denn eine »Einfachbindung« sein könnte. Hier in Teil IV habe ich *zwei* Kapitel aufgenommen, um diese Unterscheidung zu treffen.

ken bleibt privat und geheim in ihrer Binnenwelt. Hier werden die Unstimmigkeiten der Nische durch ein Gewebe von Mythen gerechtfertigt und rationalisiert — Mythen von ihrer besonderen Empfindlichkeit, Gebrechlichkeit oder von ihrem unschätzbaren Talent. Oder die Mythen gelten der wechselseitigen Abhängigkeit angesichts einer gefahrvollen, feindlichen und räuberischen Außenwelt.
Hier sind drei Beispiele:

> Ein Junge, den ich kannte, ging jeden Tag zur Schule, ohne mit irgendwem außer dem Lehrer zu sprechen. In den Pausen stand er allein herum, und auf dem Hin- und Rückweg ging er eilig und mit gesenktem Kopf. Er nahm an nichts teil, was ihn außer Hauses geführt hätte, ausgenommen Flötenunterricht. *Zuhaus war er mit seiner Mutter sehr eng verbunden.*

> Eine schwarze Familie lebte in einer weißen Nachbarschaft. Nach ein paar Diskriminierungs-Vorfällen *behielt die Mutter den Sohn zuhause.* Sie sagte ihm, er sei zu gut für diese Rüpel, aber sie sagte ihm auch, die dächten, sie seien zu gut für ihn. Sie trimmte ihn fürs College. Der Vater fand das nicht richtig. Er meinte, der Junge sollte etwas über das Leben lernen, anstatt in einer rassistischen Welt die Nase hoch tragen zu wollen. Also betrachtete die Mutter ihren Mann als schlechten Umgang für den Jungen.

> Ein Vater, der große Schwierigkeiten in seiner Ehe und im Beruf hatte, nahm seinen Jungen mit fort aus der Stadt. Er wurde Fremdenführer für Angler in einem entlegenen Waldgebiet im Norden, und *der Sohn wurde ausschließlich von seinem Vater großgezogen.* Er erfuhr, daß die Welt draußen voller schlechter und habgieriger Menschen sei, vor deren Einfluß er geschützt werden müsse.

Gefahren für die Nische

Meist lassen die Außenstehenden solche Nischen in Frieden. Viele tun das aber nicht. Die Lehrer merken es gewöhnlich, wenn ein Kind entfremdet ist, und unternehmen etwas; dasselbe tun auch die anderen Kinder. Und das Kind kann nicht für immer vor Informationen über andere beschützt werden. Wenn es diese Informationen zuletzt doch erhält, fühlt es sich minderwertig oder schlechtweggekommen und besteht darauf, so sein zu wollen wie die anderen Kinder. Oder andere Familienmitglieder unternehmen etwas, um die Paarfesselung der Eltern-Kind-Beziehung zu brechen, und greifen die Mythen an, die ihr ein rationales Aussehen geben sollen. Selbst wenn eine solche exklusive Nische die Kindheit hindurch erhalten bleibt, ist es schwer, sie auch später zu erhalten.

Die Bewohner der Nische können der Auflösungsgefahr mit einem Ausspinnen der Mythologie oder mit weiteren Schutzmaßnahmen begegnen. Sie können an einen isolierten Ort umziehen. Der Erwachsene verläßt seine Mutter und lebt außerhalb der Bindung allein in einer Wohnung. Er findet vielleicht ein Verhältnis zu den Menschen, die er bei der Arbeit trifft, wenn auch sehr mühsam. Ein solcher Mensch kann auch in einer unauffälligen Nische in einer Institution Schutz finden, etwa in einem Kloster oder in einem Krankenhaus. Durch Selbstisolierung und Vermeidung anderer kann es ihm gelingen, sein ganzes Leben lang in seinen engen sozialen Kokon eingesponnen zu bleiben.

Ein solcher Mensch bleibt in hohem Maß verwundbar durch Störungen seiner Vorstellungswelt und seines Lebensstils. Da er das Kommunikationsverhalten seiner Kultur nicht erlernt, bleibt er sozial naiv. Was er an den Verhältnissen der Menschen nicht versteht, wird zu einer starken Quelle von Furcht und Mißtrauen. Er verschanzt seine Position hinter Illusionen über sich selbst, die nicht einmal *seiner eigenen Prüfung* standhalten. Und wahrscheinlich legt er sich überaus wortgläubig auf bestimmte abstrakte Moralgrundsätze und Doktrinen fest, für deren Verteidigung er zu sterben bereit ist. Sein Leben ist in einem Teufelskreis: Seine Isolierung hält ihn sozial inkompetent, und seine Verwundbarkeit, die daraus resultiert, hält ihn in seiner Nische gefangen.

b) Die Doppelbindungssituation

Eine stark gebundene Person oder Gruppe kann schließlich in eine unmögliche Situation geraten. Die Bindung wird streng aufrechterhalten, so daß die Situation nicht verlassen werden kann; zur gleichen Zeit wird die Position durch äußere Umstände oder durch Verrat von innen gefährdet. In einem solchen Fall sagen wir, daß die Person oder Gruppe in einer »Doppelbindung« steht.

Druck von außen

Die abgeschirmte Nische kann unter wachsendem Druck seitens der weiteren sozialen Umgebung kommen.

> Der Junge mit den Flötenstunden war inzwischen ein Mann geworden. Als er vierundzwanzig Jahre alt war, lebte er immer noch bei seiner Mutter, immer noch ohne alle anderen Beziehungen.

Er ging zur Arbeit und kam abends zum Essen nach Hause. Dann ging er auf sein Zimmer. Trotz ihrer Bindung kamen er und seine Mutter nicht gut miteinander aus. Ihre Beziehung war eine Paarfesselung, und beide hatten das Gefühl, daß man sie brechen sollte. Aber sie kamen nicht voneinander los. Dann verliebte sich der junge Mann zum ersten Mal in ein Mädchen im Büro, das freundlich zu ihm war. Sie setzte ihn unter Druck, sich von seiner Mutter zu trennen.

Der Schwarze, der in einer weißen Nachbarschaft großgeworden war, war nun auch erwachsen. Er hatte sich von seiner Familie getrennt und wohnte in einem schwarzen Getto. Er hatte etwas mit einer irgendwie militanten Gruppe von Schwarzen zu tun, fühlte sich diesen Leuten aber nicht verbunden und schloß sich auch nicht eng an sie an, denn es kam ihm nicht so vor, als ob er wie sie wäre. Die Weißen aber mochte er auch nicht, er hielt sie für gefährlich. Er fühlte sich sehr eingeklemmt und fing an, auf Schritt und Tritt einen Revolver bei sich zu führen.

Der Junge aus den Wäldern im Norden war zur Marine eingezogen worden. Seine soziale Naivität wurde seinen Kameraden schon in der Grundausbildung klar. Sie zogen ihn auf oder machten ihn herunter, weil er über Frauen nicht Bescheid wußte, weil er vor den Vorgesetzten Angst hatte, weil er sich nicht traute, bei Landurlaub mit in die Stadt zu gehen, und weil er hypermoralisch war. Sogar der Marinepfarrer meinte, er übertreibe die Moral. Er versuchte, seine Position zu verteidigen und sich zu isolieren. Aber das ist in den Mannschaftsräumen bei der Marine schwer zu machen. Er hungerte nach sozialer Anerkennung. Er wurde immer furchtsamer, als einer seiner Kameraden dauernd stichelte, ob er denn überhaupt auch ein Mann sei.

Ein anderer mir bekannter Fall ist der einer Dreißigjährigen, die bei ihrer Mutter wohnte. Dann heiratete ihre Mutter noch einmal und ging auf Hochzeitsreise nach Europa. Die Tochter wurde immer niedergedrückter.

Druck von innen

Diese Menschen hatten immer zwiespältige Gefühle über die Bindung gehabt, in der sie sich befanden. Sie fühlten sich loyal und verantwortlich gegenüber ihren einsamen elterlichen Partnern und fürchteten sich davor, allein fertigwerden zu müssen. Aber sie nahmen die Gebundenheit übel. Sie fühlten sich einsam, unzulänglich und in Not.

Außerdem fühlten sie sich verraten durch die Ambivalenz des Partners. Auch die elterlichen Partner ließen erkennen, daß sie gern aus der Situation herausfinden würden. So erhielt der Sohn oder die Tochter ständig doppeldeutige Mitteilungen. Klammerte er sich an den Partner an, so wurde er zurückgewiesen oder unter irgendeinem Vorwand weggeschickt. Dann, wenn er ging, wurde er verfolgt, oder der Partner gab ein Leidenssignal. Wenn sie zusammen waren, stritten sie die ganze Zeit. Bei diesen Streitereien machte gewöhnlich jeder den anderen für das gemeinsame Elend verantwortlich, aber insgeheim gab jeder sich selbst die Schuld. Außerdem, wenn einer vom andern in Worten Schutz oder Gehorsam verlangte, zeigte er kinesisch Verachtung, wenn der andere dem Verlangen nachkam. Und jeder Außenstehende würde erkannt haben, daß die beiden so etwas wie ein sexuelles Problem miteinander hatten. Unbewußt umwarben sie sich und erlebten Eifersucht, konnten es aber nicht über sich bringen, einander zu berühren oder zu küssen. Ihre ewigen Probleme verbargen sich in Rationalisierungen, Moralklischees und anderen Gedankenverrenkungen. Irgendwann trennt sich ein solches symbiotisches Paar vielleicht, aber beide können nur schwer eine Beziehung zu jemand anders finden und fallen daher eher in einsame soziale Nischen.

Im Extremfall läuft ein solcher Beziehungsstil auf eine Lebensweise hinaus, die der Psychiater als »schizophren« bezeichnet. In solchen Fällen scheinen Bindung und Doppelbindung das ganze Leben des Kindes hindurch, vom Säuglingsalter bis in die Adoleszenz, angehalten zu haben.

Die vorliegenden Untersuchungsergebnisse zeigen, daß in solchen Fällen von der frühesten Kindheit an eine Ambivalenz hinsichtlich Berühren, Im-Arm-Halten und Anblicken des Kindes bestanden hat. Eine Folge ist, daß das Kind oft mit extrem abweichenden Verhaltensmustern für Blickrichtung, interpersonale Raumabstände und Berührungskontakt aufwächst. Wenn das Kind älter wird, scheint sein abnormes Bestreben nach körperlicher Nähe zu Episoden deutlicher elterlicher Zurückweisung zu führen, denen wiederum angst- und schuldvolle Versöhnungen folgen. Hinzu kommt noch, daß die schizogene Situation in besonderem Maß mit Ambiguitäten hinsichtlich der Rolle des größerwerdenden Kindes in der Beziehung beladen zu sein scheint.

Es mag sein, daß, wie manche Forscher es vertreten, die Schizophrenie mit einem genetischen oder biochemischen Defekt anfängt, der eine besondere Behandlung des Kindes erforderlich macht, oder daß sie in der Ablehnung durch die Mutter entspringt.* Welchen Ursprungs diese Art Eltern-Kind-Beziehung auch sein mag, die wechselseitige Abhängigkeit speist sich gewöhnlich aus sich selbst. Die Position des Kindes wird mit zunehmendem Alter immer inkongruenter. Immer häufiger wird von ihm verlangt, daß es sich mit andern Kindern zusammentut. Seine Unfähigkeit, dies zu tun, wird immer offenkundiger. Immer wieder versucht man, es durch Beschämung, Aufstachelung und Drohung zum Verlassen der abhängigen Position zu bewegen, obwohl es dazu unfähig ist (und es ihm kinesisch auch nicht erlaubt wird). Es kann auch sein, daß es von dem elterlichen Partner (unbewußt) zur Übernahme einer verdeckt sexuellen Gattenrolle herausgefordert wird. Auf diese Herausforderungen reagiert es mit zunehmender Selbstisolierung und infantilem Verhalten (Searles, 1958).

Der Teufelskreis eskaliert sich. Je mehr das Kind zur Reifung angestachelt wird, desto gefährdeter ist es und desto mehr verhält es sich abweichend und überdependent, bis sich schließlich das Bild einer »gespaltenen Persönlichkeit« herauskristallisiert. Es ist fest an seine Familie gebunden und ihr doch entfremdet.

Auch politischen Prozessen wird es ausgesetzt. Die Situation zu Hause versteht es nicht, und die Erklärungen, die man ihm gibt, verdunkeln sie, statt sie zu erhellen. Vieles kann es nicht gut wissen, denn es hat kaum Gelegenheit gehabt zu lernen, wie es sich gegen andere Leute als seine Eltern verhalten soll, und selbst für die Elternbeziehung hat es nicht das übliche Verhalten gelernt. Es wird klassifiziert und abgestempelt. Wenn der Junge sich atypisch verhält, erzählt man ihm vielleicht, er schlage dem Onkel Joe nach, der in einer psychiatrischen Klinik gestorben ist. In der Schule erfährt er eine Sonderbehandlung, besondere Adjektive werden auf ihn angewandt. Vielleicht gibt es auch düstere Voraussagen, was aus ihm noch einmal werden wird. Auf der Suche nach einer Identität liest er womöglich etwas über bizarre oder ungewöhnliche Gestalten der Geschichte oder der Literatur und ahmt dann die Jungfrau von Orleans oder Gauguin nach. Kurz, *er lernt die kulturellen Traditionen der Schizophrenie.*

Es scheint zum Nachteil dieser Menschen zu sein, wenn man sie als krank bezeichnet, ob nun psychisch oder sonstwie; dies fügt zu ihren Problemen noch einen amtlichen Stempel hinzu. Es gibt kein Anzeichen dafür, daß ihr Fehllernen von dem aller anderen Menschen qualitativ verschieden ist. Der Unterschied scheint graduell zu sein (solange sie nicht tief psychotisch werden). Sie würden vermutlich bei einer Messung der herkömmlichen Sozialfertigkeiten in eine der unteren Kategorien fallen. Wenn wir die Menschen statt dessen nach ihren mathematischen oder sportlichen Fertigkeiten einschätzen würden, könnten wir sehen, daß auch unter denen, die hier niedrig

---

* Ich glaube nicht daran, daß die Schizophrenie aus einer einfachen Mutter-Deprivation resultiert. Diese Art mütterlicher Ablehnung führt meiner Ansicht nach vielmehr zur Depression oder zu psychosomatischen Krankheiten.

rangieren, ebenso wie unter denen mit Beziehungsschwierigkeiten manche sind, die durch genetische, pränatale oder frühkindliche Probleme benachteiligt sind. Dennoch würden wir jemanden, der schwach in Sport oder Mathematik ist, nicht als krank ansehen.

Die Merkmale einer Doppelbindung

Wir können jetzt eine Doppelbindung bündiger definieren. Sie hat drei notwendige Dimensionen:

1. Im unmittelbaren Kontext werden paradoxe Instruktionen erteilt, die einander wechselseitig ausschließende Forderungen stellen, so daß der einen gehorchen die andere mißachten heißt.
2. Der paradoxe Charakter dieser Forderungen ist verdunkelt. Ein Teil der Forderungen kann zum Beispiel verbalisiert werden, während das Gegenteil kinesisch signalisiert wird. Außerdem können sie auch noch hinter einem besonders komplizierten System von Rationalisierungen und Mythen verborgen sein.
3. In dieser Konfliktsituation steht eine Person oder Gruppe, die in einer engen sozialen Nische lebt, welche sie nicht verlassen kann. Es gibt also aus diesem verrückten System von Instruktionen und Verhüllungen keinen Ausweg.

c) Explosive Reaktionen bei Doppelgebundenen

Die Beziehung der Doppelbindung ist eine unsichere und schwankende Struktur. Eine unerwartete und schwierige Interaktion kann das verwundbare Rationalisierungssystem des Gebundenen unterlaufen oder seinen ohnehin engen sozialen Raum gefährden. Die Folge kann eine akut psychotische Reaktion und/oder ein Gewaltakt sein.

Die auslösende Begegnung

> Die dürftige Romanze zwischen dem jungen Mann und dem Mädchen aus dem Büro fand ein Ende. Er fragte sie, ob sie ihn heiraten wolle, und sie sagte nein, er sei zu sehr Muttis Liebling. Er ging wütend nach Hause und stellte großspurig seine Mutter. Er sagte, er ziehe jetzt aus und werde heiraten.
> Seine Mutter reagierte auf dreierlei Weisen: Sie sagte, das sei eine gute Idee, daß er sich jetzt auf eigne Füße zu stellen gedenke. Aber dabei seufzte sie und tat die Hand aufs Herz, wie man es macht, um zu signalisieren, daß die Welt für einen einstürzt. Der Sohn sah vermutlich erschrocken aus, denn sie blitzte ihm den

kinesischen Ausdruck unverhohlener Verachtung zu, wie sie ihn schon oft ihm und seinem Vater gezeigt hatte.
Diese Antwort machte den jungen Mann noch wütender. Er stand auf und lief hin und her. Er beschuldigte die Mutter, das eine zu sagen und das andere zu meinen. Er warf ihr vor, daß sie ihn beherbergte. Aber seine Mutter achtete gar nicht auf das, was er sagte. Statt dessen ging sie auf die wütende Art ein, wie er es sagte: »Wie kann ein *Junge* sich verheiraten und für eine Familie sorgen, wenn er sich nicht mal beherrschen kann?«

Und hier ist, was dem Matrosen aus den Wäldern im Norden eines Nachts passierte:

Er nahm allen Mut zusammen und ging allein an einem freien Abend in die Stadt. In einer Kneipe lernte er einen homosexuellen Prostituierten kennen, den er einfach für einen »netten Kerl« hielt. Der neue Bekannte lud ihn zu sich nach Haus ein und versuchte ohne Erfolg, ihn zu verführen. Er floh in Panik. Frierend und ganz entnervt von diesem Erlebnis saß er auf dem Bordstein und begrub das Gesicht in den Händen.
Eine ältliche Straßennutte sah ihn dort und bot Hilfe an. Sie nahm ihn mit nach Hause, gab ihm zu essen, sprach mit ihm und bot ihm ein Bett an, damit er ein bißchen schlafen konnte, denn inzwischen war er ganz erschöpft. Ein paar Stunden später wachte er auf und fand die mütterliche Frau neben sich im Bett, wie sie seinen Penis streichelte. Dieses Mal konnte er nicht flüchten. Er war gefangen in seiner Panik, denn er konnte seine Kleider nicht finden. Er stellte sie wütend zur Rede, aber sie machte bloß Witze über seine Impotenz und sah ihn geringschätzig an.

Und so wurde die Doppelbindung des Schwarzen attackiert:

Er ging in Manhattan eine Straße entlang, als ein Lastwagen aus einer Geschäftsausfahrt rückwärts über den Gehsteig setzte und ihn umfuhr. Er stand auf und beschimpfte den Fahrer, einen Weißen, der ausstieg und ihm eine langte, daß er noch einmal hinfiel. Er versuchte aufzustehen und zu kämpfen, aber inzwischen waren noch zwei andere weiße Lastwagenfahrer zu ihrem Kollegen herübergekommen. Die drei standen über ihm, als er auf dem Gehsteig lag. Sie schimpften ihn einen Nigger, was er denn überhaupt in diesem Stadtteil zu suchen habe, er solle doch nur aufstehen und es mal mit ihnen versuchen.

Und dies geschah der Frau, deren Mutter sich wieder verheiratet hatte:

> Sie schrieb ihrer Mutter (die auf ihrer Hochzeitsreise war), und bedeutete ihr, sie sei krank und einsam. Die Mutter schrieb in ärgerlichen Worten zurück. Sie schalt sie aus, weil sie so abhängig war, nannte sie ein Baby und sagte, sie widme sich jetzt ihrem Gatten und könne dabei niemanden gebrauchen.

Ich möchte noch eine weitere Illustration geben:

> Ein junger Puertorikaner wurde in New York festgenommen und inhaftiert. Es vergingen Monate, und er blieb im Gefängnis, ohne daß sein Fall vor Gericht kam. Er wurde zunehmend klaustrophob und militant. Aber jedesmal, wenn er eine Haltung einnahm, die mit seiner Selbstachtung vereinbar war, wurde er von den Wärtern verprügelt.

Paradoxe Situationsdefinitionen

In jeder dieser Auslöserbegegnungen wurde die Herausforderung in eine paradoxe Form gekleidet. Die eine Aussage, die lexikalische, forderte Gehorsam. Die kinesische Aussage dagegen gab zu verstehen: »Ich verachte dich, wenn du wirklich gehorchst.«

> Die Mutter bestätigte verbal dem Sohn sein Recht auszuziehen, signalisierte aber mit dem Seufzer und der Hand-aufs-Herz-Geste die gemeinsame Furcht vor dem Verlassenwerden und Sterben.
> Dann sah sie ihn verächtlich an wegen seines Zögerns. Als er wütender wurde, machte sie ihn mit noch einer Äußerung herunter.
> Die Prostituierte zeigte kinesisch diesen verächtlichen Blick, während sie verbal den jungen Mann zu verführen suchte.
> Die Wärter verlangten, daß der puertorikanische Gefangene sich unterwarf, aber diese Forderung war von einem spöttischen Lächeln begleitet.
> Und wir können vermuten, daß auch die Lastwagenfahrer ihr Opfer spöttisch anlächelten, als sie es provozierten.

Psychotische und gewalttätige Reaktionen

Bei einem nachdrücklichen Angriff auf seine Nische und seine Selbstachtung steht der stark Doppeltgebundene vor seinem »Augenblick der Wahrheit«. Er kann damit nicht umgehen. Er kann nicht beschwichtigen oder die Situation herunterspielen, wie es jemand, der »normaler« ist, könnte — vielleicht weil ihm die Sozialfertigkeiten des Humors oder der Überredung fehlen, vielleicht, weil die Probleme für ihn zu ernsthaft sind für einen Kompromiß oder ein Verschieben auf ein andermal, vielleicht auch, weil die Situation tatsächlich lebensgefährlich ist wie im Falle des Schwarzen und des Puertorikaners. Auf jeden Fall kann seine Reaktion die eines Wutausbruchs mit Gewalttätigkeit oder einer desorganisierenden Psychose sein.

> Als die Mutter ihren Sohn wegen seiner Wut verurteilte, versuchte sie die einzige Kraft auszuschalten, die ihn aus der Bindung herausführen konnte. Es war aber zu spät. Ihr verächtlicher Blick warf alles um. Er hörte kaum noch ihre letzte Bemerkung, als er die Treppe hinaufrannte. Die ganze Nacht wütete er in seinem Zimmer und schlug Lampen und Möbel entzwei. Aber er schaffte es nicht. Am nächsten Tag wurde er mit der Diagnose »paranoide Schizophrenie« ins Krankenhaus eingeliefert.
> Als die alte Prostituierte, die Hand in die Hüfte gestemmt, dastand und ihm den Weg versperrte, packte den Matrosen die Wut. Das Letzte, woran er sich erinnerte, war ihr Grinsen. Dann schlug er zu. Als sie bewußtlos zu Boden fiel, flüchtete er ohne Kleider aus ihrer Wohnung. Später fand man ihn, wie er sich fast erfroren und ganz durcheinander in einer Allee versteckte.
> Als der Schwarze sich von drei wütenden Männern umringt sah, die ihn verhöhnten und provozierten, es doch mit ihnen aufzunehmen, zog er seinen Revolver und schoß wild drauflos. Zwei von den Männern wurden verwundet und einer starb.
> Der junge puertorikanische Gefangene griff eines Tages drei Wärter an, von denen seine Mitgefangenen ihm gesagt hatten, sie hätten es auf ihn abgesehen. Er wurde totgeschlagen.
> Die verlassene Tochter antwortete auf den bösen Brief ihrer Mutter mit einer Selbstmordankündigung. Sie schrieb, »weil du mich nicht *achtest,* bringe ich mich um«. Sie tat es.

Ich glaube, der Ausdruck der Verachtung ist der Tropfen, der das Faß zum Überlaufen bringt.

d) Das Finale

Bisher habe ich es so dargestellt, als würde die Doppelbindungssituation durch Zufälle zu einem Höhepunkt geführt. Natürlich ist es manchmal auch so, häufiger aber, glaube ich, verschwören sich die Beteiligten selbst, die Dinge auf einen Gipfel zu treiben, ohne sich dessen unbedingt bewußt zu sein.

Die Ambivalenz der Beteiligten

Wir sind bereits zu der Auffassung gekommen, daß bei den Beteiligten an einer Doppelbindungssituation ambivalente Situationsdefinitionen bestehen; was sie also in diese Situation bringt, sind nicht notwendig ihre bewußten Haltungen.

> Die Personen in diesen Familienbindungen hatten jeder eine zutiefst konflikthafte Einstellung zu ihren Beziehungen. Jeder wollte zugleich bleiben und gehen. Jeder hatte das Gefühl, er sollte die Bindung erhalten und zugleich nicht erhalten.
> Der junge Matrose hatte Furcht vor dem Geschlechtlichen und war in diesen Dingen hypermoralisch, er war aber auch begierig, eine Frau kennenzulernen, und wollte seine Männlichkeit beweisen.

Wenn wir näher hinsehen, können wir eine solche Ambivalenz selbst dort noch entdecken, wo jemand in einem Konflikt nachdrücklich Stellung bezogen hat.

> Der puertorikanische Gefangene war ein Revolutionär. Er war zutiefst gegen Rassismus und Unterdrückung und war bereit, für seine Überzeugungen zu sterben. Auch der Schwarze hatte solche Ideen. Aber beide hatten in der Kindheit die herrschenden Werte Amerikas eingegeben bekommen. Wir können vermuten, daß sie beide bis zu einem gewissen Grad den Glauben an ihre eigene Minderwertigkeit teilten und ein Gefühl hatten, als wäre das Verhalten der Weißen berechtigt.

Auch die auf der Gegenseite standen in diesen Situationen vermutlich mit einer gewissen Bewußtheit in einem Konflikt. Sie könnten sich daran erinnert haben, daß auch ihre eigenen ethnischen Gruppen einmal Außenseiterminoritäten waren; vielleicht haben sie auf Gewerkschaftsversammlungen erbittert für gleiche Rechte gekämpft. Manchmal treibt uns das starke Bedürfnis, einen persönlichen Konflikt oder eine störende Idee zu verbergen, zu schriller Parteinahme für die eine Seite in einem Konflikt. Und manchmal verteidigen wir eine Norm am heftigsten dann, wenn wir anfangen zu zweifeln. So können die Beteiligten an einer Doppelbindungs-Transaktion mit Brutalität oder Gewaltsamkeit Partei ergreifen. Die Identifizierung mit der anderen Seite entdecken wir oft, wenn wir später in einem Gefängnis oder einer psychiatrischen Klinik mit ihnen sprechen. Und wir können diese Diskrepanz in ihrem kinesischen Verhalten erkennen.

Inszenierung des Finales

Die Streitfragen in diesen Doppelbindungen sind keinesfalls immer individuell-einzigartig, auch wenn es den Beteiligten so vorkommen mag. Im Gegenteil, es sind Fragen, die in ganzen Institutionen oder Gemeinden heiß umkämpft sind. Faktisch ist die gesamte Gesellschaftsordnung von diesen Fragen zerrissen.

Fragen der Sexualmoral oder der sexuellen Freiheit haben jahrhundertelang die Kirchen und selbst ganze Völker beschäftigt. Der Zusammenhalt der Familie im Gegensatz zum Recht des einzelnen, die Familie zu verlassen, hat jahrhundertelang die Familien und die berufsständischen Organisationen beschäftigt. Überall in Amerika kann man einerseits hören, der Sohn habe Pflichten gegen seine verwitwete Mutter, und andererseits, er müsse sich von der Familie lösen, wenn er reif werden und sich selbst verwirklichen wolle.

Und die Probleme des Rassismus, des Klassenkonflikts und der Territorialität sind viele Jahrtausende alt, wenn sie auch erst in letzter Zeit in Amerika deutlicher geworden sind. Bei Bevölkerungswanderungen werden diese Probleme verschärft.*

Die Personen, deren Fälle wir erörtert haben, gelangten jeweils an einen Punkt, wo sie die Konflikte ihres persönlichen Lebens nicht länger aushalten konnten. Sie waren krank vor Spannung, unerträglichem Eingesperrtsein, Deprivation und Scham. Sie gelangten an einen Extrempunkt, wo sie eine Lösung um jeden Preis wollten.

Ähnlich kommt es manchmal zwischen den Menschen aus kulturell verschiedenen Traditionen und Institutionen zu hohen Spannungen, wenn sie gezwungen sind, in demselben Territorium zu leben und zu arbeiten. Um miteinander auszukommen, gehen sie sich aus dem Weg, vollbringen Anpassungsleistungen, die sie nicht gern vollbringen, oder verschleiern Unterschiede. Auch dann noch aber beschuldigen sie einander und bedrohen sich in ihren Nischen. In solchen Fällen territorialer Unvereinbarkeit steigen die ethnischen Spannungen, die Kommunikation wird immer disharmonischer,

---

* In Der Durkheim-Tradition stehend hat Porterfield (1965) gezeigt, daß die Mord- und Selbstmordraten in bestimmten Weltgebieten konstant sind. Er hat weiter gezeigt, daß Gewalttätigkeit (gemessen an Homiziden und Unfällen) mit zunehmender kultureller Heterogeneität in einem Gebiet steigt. Die Selbstmordraten dagegen sind hoch in kulturell homogenen Staaten oder Nationen.

Diese Statistiken stützen unsere Auffassung, daß gewalttätiges Verhalten dann auftritt, wenn ein hoher Grad an Kontext-Inkongruenz besteht. Ethnische Wanderungen sind natürlich oft ein Grund für solche Inkongruenz.

Ich glaube, daß Selbstmord in Doppelbindungssituationen vorkommen kann, häufiger aber dann, wenn eine stark gebundene Person ihr heimisches Territorium verläßt.

und der Rassismus floriert. Die Zwänge und Spannungen können so unerträglich werden, daß die Menschen eine Lösung um jeden Preis wollen. Die Situation ist reif für einen Zusammenstoß.
Dieser aber muß nicht in der Form eines blutigen Kampfes geschehen. Manchmal genügt es, wenn ein Stück aufgeführt wird, das die Probleme symbolisiert (wie die mittelalterlichen Mysterienspiele, die Tanzzeremonien der Neuguineer, Woodoo-Rituale oder Gerichtsverhandlungen).
Die Rollen in dem Drama zu besetzen, ist gewöhnlich nicht schwer, denn die Gesellschaft ist übervoll von Personen wie den in diesem Kapitel beschriebenen, die verzweifelt nach einem Stück suchen, in dem sie ihre eigenen Lösungen agieren können.
Manchmal ist es der Funke eines Zufalls, der die Handlung entzündet, aber sowohl der Kontext wie auch die Spieler sind vorbereitet. In manchen Gegenden von New York z. B. vermeiden die weißen Arbeiter und die Schwarzen Konflikte in der Regel dadurch, daß sie sich aus dem Weg gehen, aber es gibt Zeiten, wo beide Gruppen es auf einen Kampf anlegen. Vielleicht war es nicht ganz zufällig, daß der Schwarze von einem Lastwagen angefahren wurde, und daß er einen Revolver bei sich hatte, war ganz gewiß kein Zufall.
In den Gefängnissen besteht extreme Spannung. Die Wärter haben immer mehr Mühe, ihre Autorität durchzusetzen. Gefängnisaufstände werden häufiger. Wenn die Wärter daher Gefangene brutalisieren, so zeigen sie damit ihre Stärke. Die Brutalität soll nicht nur Ordnung halten, sie ist zugleich darauf berechnet, die widersetzlichen und revolutionären Gefangenen auszuräuchern, damit sie inoffiziell hingerichtet oder geistig zerbrochen werden können.

> Ein junger Mann tobt wie ein Berserker nach einem Streit mit seiner Mutter.
> Ein junger Matrose wird vor sich hinmurmelnd und fast nackt in einer eiskalten Nacht auf einer Allee gefunden und in ein psychiatrisches Krankenhaus eingeliefert.
> Ein Schwarzer tötet einen Mann und verwundet zwei andere in einem Kampf auf der Straße.
> Ein puertorikanischer Gefangener wird von drei Wärtern totgeschlagen.
> Eine junge Frau begeht Selbstmord, sie springt aus dem zehnten Stock ihres Wohnhauses in New York.

Niemand mischt sich ein. Die Zuschauer stehen eher wie überwältigt und beobachten das Geschehen, festgenagelt auf ihren Plätzen — das Publikum der Aufführung.

Nach der Aufführung

Aus dem Hauptdarsteller des Stücks kann mehrerlei werden. Er kann sterben, ins Gefängnis oder in die Psychiatrie kommen. Er kann aber auch aus seiner Bindung ausbrechen und ein besseres Leben anfangen; manchmal wird er sogar ein Held.

Die Ortsgemeinde lernt aus der Aufführung manchmal etwas über ihre Probleme, und manchmal wird dann auch etwas unternommen. Wir haben die Geschichte von dem jungen Matrosen veröffentlicht. Die Leute in der Stadt gründeten ein Freizeitzentrum für Soldaten, und die Sozialdienststellen der Armee wurden verstärkt. In New York spricht man nach Bekanntwerden von Vorfällen wie dem hier beschriebenen manchmal über Gefängnisreformen.

Nach einem schweren Gewaltakt hält die Gesellschaft eine offizielle Zeremonie ab, eine Gerichtsverhandlung. Auch wenn der Angeklagte schuldig gesprochen wird, können manche Ungerechtigkeiten der Gesetze dabei ruchbar werden. Es kommt vor, daß das geltende Recht dann überprüft und vielleicht auch geändert wird, damit es mit der kulturellen Entwicklung Schritt hält.

Ich will damit sagen, daß die Tragödie in der sozialen Ordnung manchmal einem guten Zweck dient. Sie kann Probleme auf der Bühne darstellen, die zu gefährlich sind, als daß die Gesellschaft sich ihrer direkt annehmen könnte. Das dramatische und tragische Handeln einiger weniger Mitglieder kann den blutigen Konflikt zwischen den Gruppen ersparen, ähnlich wie wenn die Helden sich im Kampf begegnen, damit nicht ganze Armeen aufeinandertreffen müssen.

Metalog

a) Theorien menschlichen Verhaltens

Psychodynamische und psychologische Theorien

Die Rolle der psychologischen Wissenschaften in diesem Bild ist kompliziert. Einerseits haben diejenigen Psychotherapeuten, die in ihre Verfahrensweisen die Bindung nicht einbeziehen, zweifellos Zehntausenden unglücklicher Menschen geholfen. Und es ist auch wahrscheinlich, daß der ursprüngliche Freudsche Traum von der Freiheit durch Einsicht eine nützliche Rolle in der gegenwärtigen Kulturrevolution spielt. Andererseits aber haben Psychiatrie und Psychologie, ohne es zu wollen, Tausende anderer Menschen in endlosen Etikettierungen und Selbstprüfungen gebunden und alle möglichen menschlichen Probleme den Trieben, Motiven und Persönlichkeitszügen zugeschrieben.

Die Formulierungen und die Begriffe dieser Wissenschaften können zu bereichernden oder zu verarmenden Ergebnissen führen, je nach der Fähigkeit und dem gesellschaftlichen Standpunkt des Therapeuten. Die Bestimmung psychologischer Defekte kann dazu dienen, jemandem sehen zu helfen, wie sein eigenes Verhalten zu einem ihm störenden Systemproblem beiträgt (wie Freud hoffte). Andererseits kann das vereinzelnde Herausgreifen von Defekten zu einem Mittel der Bindung werden und so den einzelnen in seiner Immobilität festhalten.

In schlechter Psychotherapie geschehen zwei Arten von Fehlgriffen. Bei der einen ergreift der Therapeut die Partei der Ankläger und findet, daß das Problem »in dem Patienten selbst« liege. Die Selbstbindungsprozesse des Patienten werden so verstärkt, und der Therapeut lehrt ihn Selbstkritik als Lebensweise. Er kann so niemals ein Kontextproblem erkennen.

Hier ist ein Beispiel.

> Ein Psychoanalytiker stellte den Fall eines homosexuellen Patienten dar. Er hatte mehrere Jahre lang mit ihm an dem homosexuellen Konflikt gearbeitet. Die Kindheit des Patienten war in Einzelheiten

> ergründet worden. Dann begann der Patient an einem Verhältnis mit einer Frau Interesse zu nehmen (d. h. sein Kontext änderte sich). Jedesmal wenn er das beim Therapeuten erwähnte, interpretierte der: »Sie bringen diese heterosexuellen Ideen ja nur vor, um zu verleugnen, daß Sie wirklich ein Homosexueller sind.«

Bei der zweiten Art psychologischer Fehlgriffe wird der Patient darin bestärkt, daß *jemand anders* ihm Schaden zufüge. Wenn diese Taktik allein angewandt wird, verschiebt sich die Last der Verantwortung bloß vom Patienten auf irgendeinen anderen Schuft. Dem Patienten wird die Leine abgenommen, aber das Bindungsmodell bleibt gewahrt. Es wird ihm nur geholfen, von der schuldgefühlshaften (neurotischen) auf die schuldfreie (paranoide) Seite derselben Sache überzuwechseln.

In unserer Kultur werden allgemein die Anwendungen psychologischer Theorien destruktiv und bindend gebraucht. Ehegatten heften sich gegenseitig oder ihren Kindern Stempel an, um sich selbst zu rechtfertigen und dem andern die Schuld zu geben. Politiker versuchen ihre Gegner und die jugendlichen Nichtkonformen zu psychologisieren. Viele Menschen lassen sich von psychologischen Theorien ihre eigenen Voreingenommenheiten bestätigen. In der Regel geschieht diese Anwendung psychologischer Fesselungstaktiken meiner Ansicht nach unabsichtlich. Sie ist Ergebnis der Anwendung psychologischer Ideen und Techniken durch sprachgläubige Menschen, die ehrlich glauben, daß gesellschaftliche Probleme aus individueller Pathologie entstünden.

Vorpsychoanalytische Erklärungen

Theoretiker mit noch präpsychodynamischer Orientierung haben eine besonders einfache Art, menschliche Abweichungen und menschliches Elend zu erklären. Sie ignorieren auch noch die psychologischen Phänomene und reduzieren das Menschsein auf eine Art suborganismischen und mechanischen Prozesses. Sie geben sich damit zufrieden, Kriege, die Wirtschaft und die Gesellschaft überhaupt aus den Organen oder den Genen zu erklären. Auch diese Erklärungen dienen dazu, den Abweichenden unter Druck zu setzen und die Fesseln fester anzuziehen. Diese Erklärungen sind sogar noch schwerer abzuweisen als die psychologischen, denn ein Gebundener kann bis zu einem gewissen Maß seine eigenen Erfahrungen und Gedanken beurteilen, aber über seine Biochemie kann er nichts wissen.

Sowohl die vorpsychologischen wie auch die psychologischen Theorien erklären die Beschwerden des Opfers aus *Prozessen oder Merkmalen innerhalb seines Körpers.* Erklärungen dieser Art sind der Ansatzpunkt, ohne den Bin-

dung nicht möglich wäre; die *Erklärung* abweichenden Verhaltens wird damit Teil seiner Verursachung und Fortpflanzung.
Theoretisch zumindest liegt die Lösung für dieses Problem der Psychotherapie und der Gesellschaft insgesamt in dem systemtheoretischen Begriff der natürlichen Ganzheit. Eine ganzheitliche Sichtweise besagt eindeutig: *Es gibt nicht die eine Ursache oder den einen Schuft. Man muß nicht nur sich selbst und das Verhalten seiner Partner absuchen, sondern auch den Charakter der sozialen Strukturen, der Kommunikationssysteme und der kulturellen Gedankenwelt betrachten.* Tun wir dies, so stellen wir fest, daß ein Hauptproblem des westlichen Menschen die Vorstellung ist, umfassende soziale Prozesse ließen sich aus kleinen Prozessen erklären.

b) Veränderung und Kontrolle

Wir können darüber reflektieren, wie soziale Kontrolle und Verhalten in der Menschheitsentwicklung zusammenhängen. Wir können vermuten, daß Rufsignale und kinesisches Verhalten in der Zeit, als die frühe Menschheit in kleinen Gesichtsfeldgruppen in getrennten Territorien lebte, die soziale Organisation der Primaten aufrechterhielten. Die Entstehung von Ackerbau und Bewässerung jedoch und der Bevölkerungsanstieg vor 10000 oder mehr Jahren waren begleitet von der Entwicklung der Sprache. Dieses neue Kommunikationssystem muß von Anfang an als Mittel dazu gedient haben, das Verhalten der Gruppenmitglieder zu kontrollieren, wenn sie in den Primär- und Gesichtsfeldgruppen der Großfamilie ein und aus gingen. Das sprachlich-kognitive System ermöglichte die Kontrolle der Individuen in Sozialgebilden, die für Dominanz- und Affiliationskontrollen im Gesichtsfeld zu groß waren.
Etwa zehn Jahrtausende lang wurde der Mensch dann von *zwei* Kommunikationssystemen kontrolliert. Das System affiliativer und kinesischer Interaktion wirkte hauptsächlich auf den unteren Ebenen der sozialen Organisation, der Familie und den kleinen Gesichtsfeldgruppen, während das prachlich-kognitive Subsystem die soziale Ordnung auf der Ebene der öffentlichen Institutionen, der Regierungen und der ethnischen Territorien aufrechterhielt.
Diese geordnete Einrichtung der Gesellschaft ist aber heute ernsthaft gefährdet.
Im Lauf der letzten fünf Jahrhunderte ist die Bevölkerung stark angestiegen, und massenhafte Wanderbewegungen haben Menschen aus ihren Familien und Geburtsländern herausgeführt. Menschen jeder Herkunft, mit unterschiedlichen Traditionen und Wertsystemen, vermischen sich daher nun mehr und mehr in denselben Territorien und Institutionen.

Die Institutionen und Bürokratien sind allmählich zu gigantischer Macht und Stärke erwachsen, während Clan- und Verwandtschaftsgruppen an Zusammenhalt und Macht verloren haben. Viele Menschen verbringen im Dienst der Institutionen Monate oder selbst Jahre fern von ihrer Familie und ihren Freunden.

Ungefähr seit zehn Jahren wird die soziale Ordnung vom zunehmenden Druck des Bevölkerungszuwachses, von territorialen Grenzüberschreitungen, kultureller Heterogeneität und massivem Informationsumlauf stark unterminiert. Ein Teil einer Generation hat den Idealen des Klassenaufstiegs und der Institutionsfrömmigkeit den Rücken gekehrt. Diese Menschen protestieren nicht nur gegen die Kontrolle der Institutionen, sie wenden sich auch von allen Ideensystemen ab, von konventionellen Kleidern und Symbolen, sogar von der Sprache selbst. Diesen »Abweichungen« wird mit verschärfter Kontrolle begegnet, die wiederum zu drastischeren Abweichungen führen dürfte, und so fort.

Es ist möglich, daß die menschliche Gattung, um ihre Ordnung zu bewahren — und vielleicht sogar um zu überleben —, irgendeinen Kontrollmechanismus jenseits des territorial-kinesischen und des sprachlich-kognitiven Systems wird entwickeln müssen. Diese neue Ordnung müßte hohe Grade *bedeutsamer* individueller Abweichungen zulassen. Unter diesen Umständen ist es weniger wahrscheinlich, daß eine Gruppe oder Variante die Schuld für Probleme zugeschrieben erhält, die in Wirklichkeit im Gesamtkontext bestehen. Menschen oder Gruppen können dann verantwortlich gemacht werden, wenn sie sich destruktiv verhalten, brauchen sich aber nicht für Dinge schuldig zu fühlen, die außerhalb ihrer Kontrolle liegen.

c) Der politische Gebrauch der Wissenschaften

Dem Psychotherapeuten und dem Grundlagenforscher fallen in der heutigen Welt zwei zentrale Rollen zu. Psychologen und Psychiater sind gegenwärtig — ob sie das nun wollen oder nicht — die Hohenpriester der Mittelklassenkultur, und die Forscher sind die Propheten. Es ist daher wichtig, sich zu fragen, in welche Richtung wir die Weichen stellen.

Auf der Ebene der Familie können wir die Gebundenheit eines abhängigen Kindes noch festigen, indem wir erklären, es wünsche abhängig zu sein, und diesen Wunsch auf seine »Triebe« oder seine Tiefenmotivation zurückführen. Überträgt man diese Argumentation auf die gesellschaftliche Ebene, so kann man behaupten, die Angehörigen der Minoritätsgruppen *wollten* arm sein und fänden sogar Gefallen an ihrem Schicksal. Und diese Auffassung kann

man noch ausschmücken mit den Konzepten der genetischen Minderwertigkeit, Triebmängeln oder einer selbstgeschaffenen »Kultur der Armut«.
Politisch macht es daher einen großen Unterschied, wie der Wissenschaftler gesellschaftliche Phänomene erklärt. Die klassische Tendenz ist die, sie mechanistisch aus den unteren Organisationsebenen zu erklären, z. B. mit Hilfe organismischer Merkmale wie denen der Persönlichkeit oder suborganismischer Konzepte wie dem des Triebs.
Im Gegensatz dazu können wir gesellschaftliche Phänomene aus Prozessen im gesellschaftlichen Kontext erklären. Im Zeitalter des Systemdenkens lernen wir das vielfältige Zusammenspiel von Wirkungen auf mehreren Ebenen zu verstehen. Wenn wir individuelle Merkmale betonen, üben wir politisch Druck auf diejenigen aus, die schon immobilisiert sind. Wir erhalten und verstärken so den Bindungsprozeß. Dagegen können Erklärungen, die Kontextfaktoren mit umfassen, diese Bindungen lockern.
Es ist wichtig, hier klarzustellen, was es politisch bedeutet, Therapeut oder Grundlagenforscher zu sein. Trifft man in diesen Rollen störende Feststellungen darüber, »wie die Dinge liegen« oder steuert man ein neues Konzept bei, so bekommt man zu hören, man sei »politisch«, aber nicht »wissenschaftlich«. Dabei wird oft die Tatsache übersehen, daß diejenigen Wissenschaftler, die *nicht* stören und keine neuen Fragestellungen oder Konzepte formulieren, ebenfalls politisch sind. Sie sind es, weil sie die geltenden Ansichten über die Natur des Menschen stützen und bekräftigen (und diese sind natürlich politisch).

Literaturhinweise

Arieti, S. (1955): Interpretation of schizophrenia. New York, Robert Brunner.
Ashcraft, N. (1971): Persönliche Mitteilung.
Bacon, C. (1960): Persönliche Mitteilung.
Bateson, G. (1955): The message: »This is play«. In: Group processes, vol. 2, Hg. B. Schaffner. Madison, N. J., Madison Printing Co.
— (1958): Naven. 2. Aufl., Stanford University Press.
— (1962): Research seminar. Eastern Pennsylvania Psychiatric Institute.
— (1969): Persönliche Mitteilung.
— (1971a): Cap. 1 in: The natural history of an interview, Hg. N. McQuown. New York, Grune and Stratton.
— (1971b): On the logical categories of learning and communication.
Bateson, G., D. D. Jackson, J. Haley, J. Weakland (1956): Toward a theory of schizophrenia. *Behavioral Science,* 1, 251.
Bellak, L. (1958): Schizophrenia: A review of the syndrome. New York, Logos Press.
Berger, M. M. (1958): Nonverbal communications in group psychotherapy. *International Journal of Group Psychotherapy* 8, 161—78.
Birdwhistell, R. L. (1952): Introduction to kinesics. Louisville, Ky., University of Louisville Press.
— (1960): Kinesics and communication. In: Explorations in communication, Hg. E. Carpenter und M. McLuhan. Boston, Beacon Press.
— (1961): Paralanguage: Twenty-five years after Sapir. In: Lectures on experimental psychiatry. Pittsburgh, University of Pittsburgh Press.
— (1962): Persönliche Mitteilung.
— (1963): Persönliche Mitteilung.
— (1966): Some relations between American kinesics and spoken American English. In: Communication and culture, Hg. A. G. Smith. New York, Holt.
— (1970): Kinesics and context. Philadelphia, University of Pennsylvania Press.
Brosin, H. (1971): Chap. 4 in: The natural history of an interview, Hg. N. McQuown. New York, Grune and Stratton.
Charney, E. J. (1966): Postural configurations in psychotherapy. *Psychosomatic Medicine* 28, 305—15.
Condon, W. S., W. D. Ogston (1966): Sound-film analyses of normal and pathological behavior patterns. *J. Nerv.* & *Ment. Dis.* 143, 338—47.

— (1967): A segmentation of behavior. *J. Psychiat. Research* 5, 221—35.

Darwin, C. (1872): Der Ausdruck der Gemüthsbewegungen bei dem Menschen und den Thieren. Stuttgart, E. Schweizerbart'sche Verlagshandlung.

DeVore, I. (1965): Primate behavior: Field studies of monkeys and apes. New York, Holt.

Duncan, S. (1969): Nonverbal communication. *Psychological Bulletin* 72(2), 118—47.

Efron, D. (1941): Gesture and environment. New York, King's Crown Press.

Eibl-Eibesfeldt, I. (1967): Grundriß der vergleichenden Verhaltensforschung. Ethologie. München, Piper.

Ekman, P. (1964): Body position, facial expression, and verbal behavior during interviews. *J. Abn. & Soc. Psychol.* 68, 295.

Ekman, P., W. V. Friesen (1969): The repertoire of nonverbal behavior: Categories, origins, usage, and coding. *Semiotica* 1, 49—98.

Erikson, K. (1966): Wayward puritans: A study in the sociology of deviance. New York, Wiley.

Fenichel, O. (1945): The psychoanalytic theory of the neuroses. New York, Norton.

Freud, A. (1946): Das Ich und die Abwehrmechanismen. London, Imago Publishing Co.

Freud, S. (1901): Zur Psychopathologie des Alltagslebens. Gesammelte Werke, IV, London, Imago Publishing Co., 1941.

Gioscia, V. (1970): Persönliche Mitteilung.

Goffman, E. (1969): Wir alle spielen Theater. Die Selbstdarstellung im Alltag. München, Piper.

— (1971): Verhalten in sozialen Situationen. Strukturen und Regeln der Interaktion im öffentlichen Raum. Gütersloh, Bertelsmann.

Goodall, J. (1967): The wild chimpanzee. Washington, D. C., National Geographic Society.

Hall, E. T. (1963): A system for the notation of proxemic behavior. *American Anthropologist* 65, 1003—27.

— (1966): The hidden dimension. New York, Doubleday.

Harris, M. (1964): The nature of cultural things. New York, Random House.

Hockett, C. F. (1958): A course in modern linguistics. New York, Macmillan.

Hockett, C. F., R. Ascher (1964): The human revolution. *Current Anthropology*, 5, 135—68.

Hunt, M. M. (1959): The natural history of love. New York, Knopf.

Kaufman, I. C., L. A. Rosenblum (1967): The reaction to separation in infant monkeys. *Psychosomatic Medicine* 29, 648—75.

— (1966): A behavioral taxonomy for macaca nemestrina and macaca radiata. *Primates* 7, 205—58.

Kendon, A. (1967): Some functions of gaze direction in social interaction. *Acta Psychologica* 26, 22—63.

— (1970a): Movement coordination in social interaction: Some examples described. *Acta Psychologica* 32, 1—25.

— (1970b): Persönliche Mitteilung.
— (im Druck): Some relationships between body motion and speech. In: Studies in dyadic communication, Hg. A. Seigman und B. Pope. Elmsford, N. Y., Pergamon.
Kendon, A., A. Ferber (1970): A description of some human greetings. Zur Veröffentlichung in: Comparative ecology and behavior of primates, Hg. R. P.
— Michael und J. H. Crook. London, Academic Press (im Druck).
Loeb, F. F. (1968): The microscopic film analysis of the function of a recurrent behavioral pattern in a psychotherapy session. *J. Nerv.* & *Ment. Dis.* 147, 605—17.
Lorenz, K. (1963): Das sogenannte Böse. Zur Naturgeschichte der Aggression. Wien, Borotha-Schoeler.
McBride, G. (1964): A general theory of social organization and behavior. St. Lucia, Australien, University of Queensland Press.
— (1967): Persönliche Mitteilung.
— (1968): On the evolution of human language. *Social Science Information* 7, 81—85.
McLuhan, M. (1968): Die magischen Kanäle (Understanding media). Düsseldorf, Econ.
Marcuse, H. (1967): Der eindimensionale Mensch. Neuwied a. Rh., Luchterhand.
Pike, K. L. (1954): Language in relation to a unified theory of the structure of human behavior, part 1. Glendale, Cal., Sumner Institute of Linguistics.
— (1957): Toward a theory of structure of human behavior. *General Systems* 2, 135—41.
Plutchik, R. (1970): Emotions, evolution, and adaptive processes. In: Feelings and emotions, Hg. M. B. Arnold. New York, Academic Press.
Ripley, S. (1966): Films of wild macaques. Unveröffentlicht.
Sapir, E. A. (1921): Language: An introduction to the study of speech. New York, Harcourt, Brace.
Scheflen, A. E. (1960a): A psychotherapy of schizophrenia: A study of direct analysis. Springfield, Ill., Charles Thomas.
— (1960b): Regressive one-to-one relationships. *Psychiatric Quarterly* 34, 692 bis 709.
— (1963): Communication and regulation in psychotherapy. *Psychiatry* 26, 126.
— (1964): The significance of posture in communication systems. *Psychiatry* 27, 316—31.
— (1965a): Quasi-courting behavior in psychotherapy. *Psychiatry* 28, 245—57.
— (1965b): The bowl gesture. In: Strategy and structure in psychotherapy, Hg. O. S. English. Behavioral Studies Monograph, no. 2. Philadelphia, Eastern Pennsylvania Psychiatric Institute.
— (1965c): The institutionalized, the institution-prone, and the institution. *Psychiatric Quarterly* 39, 203—19.
— (1966a): Natural history method in psychotherapy: Communicational research. In: Methods of research in psychotherapy, Hg. L. A. Gottschalk und A. H. Auerback. New York, Appleton.

— (1966b): Stream and structure of communicational behavior. Behavioral Studies Monograph, no. 1. Philadelphia, Eastern Pennsylvania Psychiatric Institute.
— (1973): Communicational structure: Analysis of a psychotherapy transaction (überarbeitete Ausgabe von 1966b). Bloomigton, Indiane University Press.
— (im Druck): How behavior means. New York, Gordon & Breach.
Searles, H. F. (1955): Dependency processes in the psychotherapy of schizophrenia. *J. Amer. Psychoanal. Assn.* 3, 19.
— (1958): Positive feelings in the relationship between the schizophrenic and his mother. *Intl. J. Psychoanal.* 39, 569—86.
Sjoberg, G. (1960): The industrial city past and present. New York, Free Press.
Spitz, R. A. (1963): Anaclitic depression. In: The psychoanalytic study of the child, Hg. O. Fenichel u. a. New York, International Universities Press, vol. 18, 361—66.
Trager, G. L., H. L. Smith (1956): An outline of English structure. In: Studies in linguistics: Occasional papers, no. 3, Hg. W. M. Austin.
Vine, J. (1970): Communication by facial-visual signals: A review and analysis of their role in face-to-face encounters. In: Social behavior in animals and man, Hg. J. J. H. Crook. London, Academic Press.
von Bertalanffy, L. (1950): The theory of open systems in physics and biology. *Science* 111, 23—28.
Weitman, S. R. (im Druck): Notes toward a theory of social inclusion and exclusion. *Archives européennes de sociologie.*
Whorf, B. L. (1963): Sprache, Denken, Wirklichkeit. Reinbek, Rowohlt.
Wynne, L. C., I. M. Ryckoff, J. Day, S. I. Hirsch (1958): Pseudomutuality in the family relations of schizophrenia. *Psychiatry* 22, 205.
Wynne-Edwards, J. C. (1962): Animal dispersion in relation to social behavior. New York, Hafner.

Weitere Titel der
KONZEPTE DER HUMANWISSENSCHAFTEN

Warren G. Bennis / Kenneth D. Benne / Robert Chin (Hrsg.)
Änderung des Sozialverhaltens
Aus dem Amerikanischen von Dietlind Eckensberger.
ISBN 3-12-900700-8

Wilfried R. Bion
Erfahrungen in Gruppen und andere Schriften
Aus dem Englischen von H. O. Rieble.
ISBN 3-12-900730-X

Urie Bronfenbrenner
Wie wirksam ist kompensatorische Erziehung?
Mit einem Vorwort von Hartmut von Hentig.
Aus dem Amerikanischen von Gerold Ummo Becker.
ISBN 3-12-921500-X

Adolf M. Däumling / Jörg Fengler / Lothar Nellessen / Axel Svensson †
Angewandte Gruppendynamik
Selbsterfahrung – Forschungsergebnisse – Trainingsmodelle.
ISBN 3-12-901890-5

Lothar Krappmann
Soziologische Dimensionen der Identität
Strukturelle Bedingungen für die Teilnahme an Interaktionsprozessen.
ISBN 3-12-925090-5

Uwe Laucken
Naive Verhaltenstheorie
Ein Ansatz zur Analyse des Konzeptrepertoires, mit dem im alltäglichen Lebensvollzug das Verhalten der Mitmenschen erklärt und vorhergesagt wird.
Mit einem Vorwort von Gerhard Kaminski.
ISBN 3-12-925260-6

Joseph Luft
Einführung in die Gruppendynamik
Aus dem Englischen von Gudrun Theusner-Stampa.
ISBN 3-12-905420-0

George A. Miller / Eugene Galanter / Karl H. Pribram
Strategien des Handelns
Pläne und Strukturen des Verhaltens.
Mit einer Einführung von Hans Aebli.
Aus dem Amerikanischen von Paul Bärtschi.
ISBN 3-12-925890-6

Pierre Morin
Einführung in die angewandte Organisationspsychologie
Aus dem Französischen von Wolfgang Krege.
ISBN 3-12-905800-1

Max Pagès
Das affektive Leben der Gruppen
Eine Theorie der menschlichen Beziehung.
Aus dem Französischen von Mathilde und Siegfried Furtenbach.
ISBN 3-12-906290-4

Peter B. Smith
Kleingruppen in Organisationen
Aus dem Amerikanischen von Klaus Schomburg und Sylvia M. Schomburg-Scherff.
ISBN 3-12-907170-9

Heinz Steinert (Hrsg.)
Symbolische Interaktion
Arbeiten zu einer reflexiven Soziologie.
ISBN 3-12-907240-3

ERNST KLETT VERLAG STUTTGART